大众的反叛

La rebelión de las masas

José Ortega y Gasset

［西班牙］奥尔特加·加塞特 著
刘训练 佟德志 译

山西出版传媒集团　山西人民出版社

导　言

大众时代来临了吗？

何怀宏

大众的崛起及其回应的大众理论的兴起基本上可以说是一种"现代现象"。查尔斯·麦基（Charles Mackay）的《非同寻常的大众幻想与群众性癫狂》[1]描述了现代之前的一些大众幻想与疯狂，比如在十字军东征中表现出来的一些狂热、对末日审判日来临的一些流行恐惧、民众在追捕女巫和迷恋炼金术士中表现出来的狂热，等等。作者也描述了一些大众希望快速致富的金融方面的狂热，比如密西西比的泡沫、南海的幻梦、对郁金香的疯狂投机，这些现象虽然发生在近代，但还是带有传统的特征，即自发、非政治性、暴起暴落，等等。在中国，也有像孔飞力（Philip Alden Kuhn）所著《叫魂》所描述的1768年发生的妖术大恐慌。

上述大众中的流行情绪和行为可以说是具有明显的传统印迹，或者说是表现了任何社会的群体行为的某些共性。它们多是属于自发的，虽然也常常突然发生、迅速传染和互相模仿。它们常常和恐惧有关，但也有些是出于热烈地追求财富、健康、长生乃至永生。甚至在今天的社会中，我们也不难发现这样的行为，比如因为某种传闻或谣言而在不同族群之间爆发的相残，对某种养生物质和行为（如红茶菌、气功）的流行性迷恋。但是，我们现在联系于《大众的反叛》所要谈到的大众崛起，则是和现代紧密相关的事件，乃至可以被认为是现代的一个"关键性事实"。

一

我在这里不欲全面讨论有关大众的思想，而只讨论它的一部分，即作为滞后的回应的一部分，也是专门讨论大众、理论上比较成形的一部分，这一部分也常常具有批判反省的意义。首先是大众的真实崛起，然后才有这种大众理论的兴起。一些思考者已经感受到了大众的登场，并且预感到了这种趋势还会不断加强，乃至认为一个可以名之为"大众时代"的新时代将要来临。

18世纪西方的社会理论大多是乐观的，甚至是昂扬的。它们基本上没有看到大众的风险，而是相当充分地相信进步，相信人的可完善性。但在法国大革命之后，已经有一些思考者担心灾难可能发生甚至已经发生了。19世纪法国史学家和文学家伊波利特·泰纳（Hippolyte Taine）在他的多卷本《现代法国的起源》中表现了他的深深担忧。他将群众看作是揭开现代世界之谜的线索，对此前的启蒙运动提出了质疑。

不过，从理论上来说，对"大众"的探讨则主要集中在社会学和心理学的领域。主要在19世纪活动的法国社会学家塔尔德（G. Tarde）强调大众传媒对群体形成的影响，他认为：自从印刷术发明以来，现代社会已造就了一个截然不同却不断增长的大众群体，这个大众群体的无限扩展是我们生活的这个时代的显著特征之一。也就是说，他更为注意的还不仅是那些在街头和广场上的群众，而是小册子、报纸的读者（日后是收音机的听众和电视机的观众），他们似乎都待在自己的家里，但却还是"聚"在一起——他们表面上似乎各不相同，实际上却非常相似。广场和街道上的群众是通过一种近距离的暗示而被带到一种梦游状态，后者则是通过报纸等大众媒介的一种远距离的暗示被带到一种催眠状态。

塔尔德认为，如果每个政治群体都有自己的报纸，就可能造成群众的多元化，即造成"众群"（publics），而不是那种令人生畏的巨大的单一的群众（crowd）。他认为在现代社会单一的群众已是过去式，彼此竞争的群众将会出现，他们将各自分开阅读报纸。报纸将群众引离街头而驯化了群众。

塔尔德对两种群众的划分有其一定道理，但也忽视了这两种群众之间还是存在着某种联系：分散在个人家里读报纸和看电视的"众群"也许平时是安静和分散的，但长期耳濡目染，他们形成了某些共同的观念和感情，一旦有紧急事件发生，他们就可能上街，加上激动人心的演说和各种表现仪式，他们就能汇聚成一种巨大和统一的暴烈力量。"冰冻三尺，非一日之寒"，而"烈焰三丈，亦非一日之积"。人们实际会不知不觉就坐在火山口上。大众媒体对一战爆发所起的巨大作用已证明这一点。

塔尔德，还有意大利的西盖勒（Sighele）都从犯罪社会学切入对"大众"的研究。塔尔德写有《舆论与犯罪》《刑法哲学》，西盖勒写有《犯罪群众》。不过，最为简明扼要、也是生动有力地论述了"大众"的还是古斯塔夫·勒庞（Gustave Le Bon）。勒庞1895年出版的《乌合之众——大众心理研究》被视作群体心理学的开山之作，具有经久不衰的影响力。尽管他的著作遭到了一些学术上的批评，但很难不佩服他的一些富有洞见的直觉。

勒庞认为：无论构成群体的个人是谁，一旦他们变成一个群体，他们的感情、思想和行为就变得与他们单独行动时颇为不同。"群体人"并非都来自下层，智力很高的人也可能属于某个群体。因为决定群体的是一种无意识的、受遗传影响的深层心理结构，而人们虽然在智力上差异很大，却有着相似的本能与情感。在属于情感领域的事情上——例如宗教、道德、政治、爱憎等，最杰出的人士很少能比凡夫俗子高明多少。

在勒庞看来，这种群体的一般特点首先是觉得自己人多势众、势不可挡，这使他敢于发泄出自己本能的欲望，而且，群体是个无名氏，因此也不必承担责任，这样，总是约束着个人的责任感便彻底消失了。第二点是互相传染的现象，每种感情和行动都富有传染性，其程度足以使个人随时准备为集体利益牺牲他的个人利益。第三点是易于接受暗示的表现，就像进入了催眠，有时只消一句悦耳的话或一个被及时唤醒的形象，便可以阻止群体最血腥的暴行，当然，反之亦然。孤立的个人可能是个有教养的人，而在群体中他却变成了野蛮人。群体在智力和理性上总是低于个人，但在感情及其激起的行动上却要表现得比个人更好或更差。它固然常常是犯罪群体，但也常常是英雄主义群体，能创造出历史奇迹。

勒庞认为：群体只有低下的推理能力，但却有高超的想象能力，并易受神奇事物的感动。所以真正理性的东西并不能吸引群众，高深的观念往往要经过一番生动、形象的改造，才能为群众所接受。所以，影响和动员群众的手段主要有三种：一是断言，二是重复，三是传染。做出简洁有力的断言，不理睬任何推理和证据，是让某种观念进入群众头脑最可靠的办法。而且要不断地、尽可能措辞不变地重复这些断言，并使其传染开去，这样就形成某些流行意见，或者说形成一种支配性的舆论。随着工业文明的进展，新的交流手段和大众媒体还使一些新的更大规模的群体出现。

勒庞在19世纪末的著作似乎预告了下一个世纪波澜壮阔的大众运动和斗争将要出现。西格蒙德·弗洛伊德（Sigmund Freud）1921年发表的《群体心理学与自我的分析》还是集中在心理学的领域探讨大众，但引入了他自己专门的精神分析理论来解释大众及其与精英、领袖的关系。他在开始部分大量引述勒庞的言论，指出其强调大众的无意识特点与自己的心理学相当一致，但然后就进入他自己的理论分析了。他试图从两种严格和稳定的组织——教会与军队——入手，而不是从街头的无组织群体入手，找出一些群体共同的特性。他重视领袖对群体的作用，认为这种联系远比群体成员之间的联系更起作用。人们崇拜领袖，努力从领袖那里获得认同，就像一个男孩会在一段时间里努力从父亲那里获得认同一样。在勒庞所描述的群体中，个性几乎会完全消失。这意味着"个人放弃他的自我理想，用体现在领袖身上的群体理想代替它"[2]。而现代群体的心理又有非常原始的、本能和无意识的一面，集体的造反，实际都是对原父之叛的重复。按照约翰·麦克里兰（John S. McClelland）对其思想的解读，弗洛伊德对造反或革命的结果的看法是相当悲观甚至很保守的，他认为以自由解放之名而进行的革命，产生的政权每每比原先的政权更加威权主义。所以，凡是珍爱自由的人，还不如守着原有的领导者，而不要寻求新的领导者。[3]

埃里克·霍弗（Eric Hoffer）这位码头工人出身的作者所著的《真信者——群众运动性质的思考》[4]，或因其是来自群众内部一员的思考而可以给我们一种特别的借鉴。他指出许多人参加运动是希望能够迅速和大幅地改变他们的生活境况，尤其是那些生活中的失败者。他们愿意热烈地投入一个看来辉煌壮丽的共同事业，甚至至少在一个时期内牺牲自己的利益。他们希望在这一事业中获得一种价值感、信心和自豪。还有各种各样的人也会追随运动，包括各种不满者、边缘人、畸零人、社交障碍者、烦闷者、野心家、投机分子、弱势者，乃至极端自私的人和罪犯。而没有除去自己特殊性和分化性的人会难以投入行动，因为运动总是要求一种齐一性。共同的仇恨往往可以凝聚最异质的成分。他也追溯了大众运动的成因，认为为其铺路的首先是那些"言辞人"，当然，收其功者则是另外的一些"行动人"。"所有当代的群众运动千篇一律都是由诗人、作家、历史学家、学者、哲学家之类的人为其前导"。[5] 他们批判一切既有的信仰和传统，造成的结果就会像叶芝的诗所说的"优秀者信仰尽失，而低劣者激情澎湃"。然而，催生群众运动的知识分子的命运注定是悲剧性的，因为他们骨子里其实是个人主义者。

诺贝尔文学奖获得者埃利亚斯·卡内提（Elias Canetti）除了文学创作之外，在1960年有些令人意外地出版了一部可以看作是学术著作的《群众与权力》。他对群众的看法没有那么负面，认为群众的特性主要有四条：第一，群众的增长本质上来说是没有界限的，会永远增长；第二，在群众内部，平等占统治地位；第三，群众喜好紧密地聚集在一起；第四，群众需要导向。[6] 他从人们对接触的恐惧心理的突变来论述群众的产生。一旦不害怕接触，群众成员就感觉到自己失去了所有的差别，摆脱了一切社会的距离，而与群体中其他所有人一样是平等的一员。这是一种获得解放的感觉，也是幸福的感觉。但我们也许还可以说这种感觉是短暂、甚至有些虚幻的。卡内提对群众的类型做出了细致乃至有些烦琐的分类。但他重点讨论的还是群众与权力的关系。所以，他又仔细分析权力的要素、分类和表现形式。他不仅注意人的社会性，也注意人的生物性。他对权力的看法倒是相当负面的，且也是从对身体的接触和控制开始。鉴于纳粹主义支配第三帝国的沉痛教训，也鉴于人类进入了一个核武时代的阴暗前景，他主张要努力抗拒那些病态的领袖的命令，包括隐居者和逆反的群众成员的抗拒。

麦克里兰在他那本颇为流行和具有影响的《西方政治思想史》问世之前，在1981年就已经出版了一本名为《群众与暴民——从柏拉图到卡内提》的著作。这本书侧重的是群众与暴力的关系，作者认为群众理论家真正的分界线是对群众暴力的态度。也正是因为暴力，群众就成为进步风景画上的大块污斑。但群众，尤其现代群众为什么会走向暴力呢？麦克里兰追溯了古代和中世纪的群众，但绝大部分篇幅还是在探讨近代以来的群众。他研究了爱德华·吉本（Edward Gibbon）、托马斯·卡莱尔（Thomas Carlyle）、儒勒·米什莱（Jules Michelet），尤其是泰纳对法国大革命中的群众的态度，也探讨了从西盖勒、塔尔德、勒庞、弗洛伊德到希特勒、卡内提的思想理论。作者的"后记"有点奇特地以"远离多数以求安全"为名。但是他在其中又引申弗洛伊德的观点说："群众本身是不安全的，但留在群众之外的人也不安全。"[7]与群众保持距离的人也还是可能成为群众的受害者。

法国学者塞奇·莫斯科维奇（Serge Moscovici）1981

年出版的《群氓的时代》又回到了比较严格的群体心理学的范围，而且主要是研究塔尔德、勒庞和弗洛伊德三个人的思想，但也可以将这本书看作对近百年来大众理论的一个回顾总结。他也简略描述了全球化时代大众依旧凸显的特点，为群体心理学进行辩护。他关于20世纪初民众将取得胜利、20世纪末我们将成为"领袖的囚徒"的预言，从时间上说或许并不完全准确，但他关于群众运动中领袖起主导作用和居显著地位的观点，看来还是可以得到百年经验教训相当有力的支持。

此外，还有一些比较专门的分析或历史著作，比如威尔海姆·赖希（Wilhelm Reich）1933年出版的《法西斯主义群众心理学》，这本书受到了当时德国左右两翼的抵制和攻击。赖希认为法西斯主义是有广泛的群众基础的，而群众支持法西斯主义是因为性压抑而寻求替代品的一个结果。将群众运动的产生主要归因于心理压抑，而且主要是性压抑可能有些片面和牵强。埃里希·弗洛姆（Erich Fromm）1941年出版的《逃避自由》的解释则要宽广一些，他认为法西斯主义得势是大多数人逃避自由的结果，他们试图通过放弃自我、投入群体和崇拜领袖来克服自身孤独和无力的感觉。这种群体人的孤单感看来在二战后乃至网络时代也继续存在，对此，大卫·理斯曼（David Riesman）写有《孤独的人群》，雪莉·特克尔（Sherry Turkle）著有《群体性孤独》。另外也还有一些历史著作专门并具体地描述和研究一些重要时期的群众，比如法国大革命时期的群众，法西斯统治时期的群众，等等，这些都值得我们注意。

二

那么，何塞·奥尔特加·伊·加塞特（José Ortega y Gasset）1929年出版的《大众的反叛》在这一思想谱系中占有何种地位和具有一些什么样的特殊意义呢？

奥尔特加年轻时在德国受过上佳的系统哲学训练，但是，他不满意于新康德主义和现象学的纯哲学理论，他又回到历史，并强烈关注生命的活力和文明的命运，试图重建一种历史的理性。他的兴趣和学养广泛，虽然他说他主要是为西班牙写作，但他的这本《大众的反叛》无疑具有普遍的意义。奥尔特加的这本书对大众的考察首先超出了群体心理学的范畴，自然也超出了弗洛伊德、赖希、弗洛姆的精神分析学的范畴。群体心理学对群体心理及群体如何改造参与其中的个人的行为的描述和例证相当精到，以至我们都会同意群体必须成为一种需要独立考察的对象，但它对其社会历史的成因却解释不足。其次，《大众的反叛》也明确指出大众的崛起是一种现代事件，反复申说这是一种"我们的时代"的现象。奥尔特加的分析也紧紧围绕这一点，而不是像有些大众理论家那样追溯历史上的群众，或者只用生物学意义上的"返祖"本能解释现代群众。

《大众的反叛》阐述了作为"大众人"的社会力量在现代的崛起，以及一个由"大众"占据支配地位的时代的来临。奥尔特加认为，当代欧洲的公共生活凸现出这样一个极端重要的事实，那就是大众开始占据最高的社会权力。奥尔特加把这种现象称之为"大众的反叛"（the revolt of the masses），或如德国社会理论家瓦尔特·拉特瑙（Walther Rathenau）所说："野蛮人的垂直入侵"。他特别忧虑的是这一现象将对欧洲造成巨大的危机，这一危机将导致生灵涂炭，国运衰微，乃至让文明没落。

这里所说的"大众""反叛""权力"都还需要一些解释。在奥尔特加看来，社会总是由两部分人构成，而与精英相对而言的"大众"是指那些并无自己独立见解的人们，它和下层或劳动阶级的概念并不重合，而人们习惯上认为的上层倒是出现了不少"伪精英"或"伪知识分子"。当然，这也正是"大众时代"来临的一个征兆。奥尔特加的"精英"概念也不是指出身和地位，甚至也不像帕累托（V. Pareto）的"精英"概念那样强调能力和成就，而主要是指那些有自己的独立见解和个性、对自己提出了更高要求、赋予自己以某种使命的人。当然，天赋、能力和性格的因素可能也还在考虑之列。这样的"精英"概念当然就不易从客观上进行判定和研究，它更多地将是一个自我认识和意识的问题——虽然这在实践上倒颇有意义。

现在的问题是：这样一种划分在历史上可能始终是存在的，一个人云亦云的有惰性的、无名的"大众"也始终是存在的，在传统社会也一直是属于多数，为什么到了现代社会就出了问题？

奥尔特加认为，这首先可以从自然人口的角度观察，有人口的增长，但更重要的是人口的聚集。由于19世纪自由民主和工业技术的长足发展，欧洲的人口从过去上千年大致都维持在1亿人左右的水平而迅速增加了几倍，再加上工业化及城市化，所以，触目所及，就能很容易地看到一种可称之为"麇集"的现象。

但更重要的是观念和心态的变化。在奥尔特加看来，问题就在于到了现代社会，本来在后台的"大众"走到了前台，就像"惯坏了的孩子"一样试图颐指气使。他们享受着文明，却不甚明了文明的成因，不清楚文明需要何种创造和制度保障，以及文明需要小心翼翼的维护。"大众人"有两个特点：一是由自由权利和工业技术的发展调动起来的各种生命欲望（常常只是物欲）的急剧增长；二是，他们由于不知道这一切是怎么来的，也就不知道维持这种发展以及平衡需要怎样的智慧。

于是，他们在近代一些新观念的引导下，希望实现大众的直接统治。当然，大众所掌握的这种权力那时或许还主要是一种社会权力而非政治权力，但今天的政治精英必须十分重视他们。过去的开明的统治者可能也关心他们，但只是像家长一样关心，而现在的政治精英必须重视他们的欲望和意见，重视他们自己对幸福的理解和追求，不仅满足其普遍的权利要求，乃至也出让一些基本的政治权力。当然，另一方面，有一些精明的统治者还能操控他们，甚至也出现了一些富有政治野心的人，能利用他们的力量达到自己的目的，玩弄他们于股掌之间，以"大众"的名义独揽大权。

奥尔特加并不是完全否定大众在现代社会的崛起，他谈到大众在现代社会的统治标志着历史水平线的上升，使生活的各种可能性大大增加，使普通人的生活达到了一个比过去大大改善的水平，人们选择生活的范围是过去所望尘莫及的，而且，人们对攀登"时代高度"的自信心和能够掌握的手段也是过去所远远不及的。现时代感到自己优越于过去所有的时代，超溢出所有已知的富足。但在他看来，我们这个时代的典型特征（也是病症）就在于：平庸的心智尽管知道自己是平庸的，却理直气壮地要求平庸的权利,并把它强加于自己的触角所及的一切地方。正是在这一方面,其"野蛮"的特征一览无余。这使人们进入一个"平均化"的时代,不仅财产收入被平均化,文化也均匀地分布于社会各阶层之间。

奥尔特加仍试图强调保持"高贵",他说,高贵的定义标准是我们对自己提出的要求,是义务,而不是权利。他引歌德的话说:"随心所欲是平民的生活方式,高贵的人追求秩序和法律。"如果说还可以允许有某种少数人的特权的话,这种特权必须是一种战利品,享有特权的人必须证明自己有能力再度征服它,所以它绝不能依靠出身或荫庇。他反对"子因父贵",而欣赏中国古代人通过自己的功名而使祖辈得到封荫的"父因子贵"。任何一种世袭贵族制都摆脱不了循环起落的悲剧,也就是说,贵族的继承人将发现他所拥有的那些身份、地位及生活条件,其中没有一样是他自己所创造或挣得的,因此,它们无法构成他个人生命中的有机组成部分。他说,在他的心目中,"贵族"就等于一种不懈努力的生活,这种生活的目标就是不断地超越自我,并把它视为一种责任和义务。这样,贵族的生活或者说高贵的生活,就与平庸的生活或懈怠的生活形成了鲜明的对比。所以,用"大众"来指称这一类人与其说是因为他们人数众多,还不如说是因为他们的生活是懈怠的。

奥尔特加并没有特别强调"大众反叛"的政治意味,但在法西斯主义刚开始兴起于欧洲的时候,奥尔特加就积极地捍卫自由民主制度,乃至捍卫代议制,他说:"欧洲需要保留其基本的自由主义,这是超越自由主义的必要条件。"他甚至认为,民主政治——不论其类型与程度如何——的健全与否完全取决于一个简单的技术细节——选举的程序,其他的一切都是次要的。没有一种真实的选举制度的支持,民主政治制度必将变得虚无缥缈,不切实际。

奥尔特加认为大众反叛的根源在于欧洲的衰败和没落,欧洲对自己及其领导世界的能力丧失了信心,他寄希望于将欧洲转变为一个国家观念,寄希望于未来将建立一个欧洲合众国。这倒也可以说是对 20 世纪最后十年欧洲走向联合的一个预见,但是他看重的其实主要不是形式,而是欧洲的精神和价值,而正是在这方面,欧洲最内在的精神价值已经在 20 世纪后期发生了巨大变化。

三

大众时代即将来临,这并不是奥尔特加一个人的意见。更早,19 世纪末,勒庞就说:"我们就要进入的时代,千真万确将是一个群体的时代。"[8] 到接近 20 世纪末的时候,莫斯科维奇则将他的著作直接命名为《群氓的时代》。但我们的确还是可以进一步考虑:大众时代真的来临了吗?在这过去的一百年中,大众动员的技术发生了怎样的变化?又达到了什么样的结果?

自有文明社会以来,大众几乎一直就是生产、交换、军事的主要力量,但在传统社会中,大众并不是主导和支配的力量。大众并没有作为一个群体登上历史的舞台。传统社会还基本上都是少数精英直接统治,乃至有鲜明的等级差序。中世纪的人们长期处在对彼岸世界的渴望中。接近近代的时候,文艺复兴出现的一些巨人本身体现了自我和个性的多彩和伟大成就,然后是宗教改革强调了个人在精神信仰中的首要地位。宗教改革的倡导者相信所有的人都有灵性,都有自己独特的个性和主体性,都可以直接与上帝交流。后来,时代努力的方向也发生了变化,人们不再仰望上帝,而是追求尘世生活的美好,追求人类认识和控制自然与物质能力的提高。接着就是对政治和社会的改造,一些启蒙思想家认为人可以无限完善,所有的人都有创造性,社会可不断地进步,乃至建立人间的天堂。他们相信所有的人只要摆脱物质生活的艰难,过上体面的日子,就会投入精神和艺术的追求。于是,他们将过去的信仰、制度和习俗都视作愚昧和压制,试图一扫而光。

然而，按照奥克肖特（M. Oakeshott）对"大众人"或"反个性人"给出的一个解释，[9]尽管从14、15世纪以来人们就开始强调个性和表现自我，但许多人并不能也不愿成为这种自决、自由的主体。于是，为了掩饰其无能或不愿，就倾向于一种反个人、反个性甚至反自由的道德与政治了。他们将希望寄托于群体、国家和政府。在这一过程中，大众和领袖就一拍即合了。他们互相需要。大众有数量的优势，领袖有个人的理想或野心。大众的力量虽然凸显，大众在名义上也是至高无上，但还是在这一互动过程中处在相对被动的地位，真正主导的还是领袖和精英。当然，这也不再是过去那种类型的精英了，而是另外的，首先倡导反叛，然后进行控制的精英。所以，大众的反叛与其说是自己主动的反叛，倒不如说是首先由一些思想的精英唤起，然后由一些行动的精英动员和组织的反叛，他们就这样被推向了现代的舞台。思想的种子已经播下，只要有合适的气候与阳光，它们就一定会破土而出，发芽长大。但它们还是像小草一样，簇拥在寥寥几株参天大树的周围。

我们还要特别注意当代，尤其是20世纪以来的发展。大众运动的早期理论家们往往强调催眠、感染、重复、断言，也谈到印刷术、小册子、报纸等传媒工具的作用。但是，动员的全面技术可以说在20世纪才有了长足的发展。这种动员技术不仅是传统社会所望尘莫及的,近代前几个世纪也是瞠乎其后。当然,在传统社会,精英阶层也没有唤起和动员大众的愿望,这种愿望是在近代才发生的,而20世纪飞速发展的物质传媒又无比加速了这一进程,不仅有了大量发行的报纸,还有了可以直接面对大众的广播、电视和网络。

这一大众动员的技术首先是要有一个理想,一个能让人激动和投入的理想,它初看和个人利益无关,或者说,它显示的是一种精神的"利益",一种通过某一个或者一系列的运动将带来的无比美好的前景,吸引着人们投身乃至献身。当然,任何激动人心的理想也不可能吸引所有人,甚至不可能一下子吸引多数人,但一个成功的大众运动常常也无须如此,它开始的时候,能吸引两种人就可以了,一种是的确重视精神理想的少数人,一种是能够大胆打头阵的少数人,这两种人其实是性格相反的,但却能够相反相成。前一种人提供运动理论的纯洁性,后一种人提供运动实践的发动力。这两种人也有一个共同的特点,即都对现实有强烈的不满,不过前一种人是因为社会不够理想而不满,后一种人则可能是因为个人失意而不满,或者有一种天生的胆大妄为。

不过,推动一个成功的大众运动,首先还是要吸引头一种人,组成这样一个政党组织:开始松散,后来日趋严密；开始内部比较平等，后来则越来越不平等，直到出现一个或一批众望所归的领袖。这个组织越来越有严明的纪律，有差序的关系，有权威的领导。有了严密的组织和宣传工具之后，动员的领袖可以仍旧是能够即兴演讲的，极具煽动力的，但也可以是不直接出场的，甚至是不善言辞的，但一定要树立起他们的权威，乃至予以一定的"神化"，使之成为一种崇拜的对象。

这样的组织善于利用时机发起运动，对自发的群众运动也善于收获其成果，或者掌握自发运动的领导权继续向前推进来实现自己的目标。当然，它更善于通过严密的组织领导发起和推进大众运动。自发的、没有严密组织领导的运动常常受激进者不断的引领，结果很可能以挫折和失败告终。但有严密组织领导的运动则能收放自如，整个全程都处在它的控制之中，因为这运动本来也就是它组织发动起来的。它还善于利用各种传播和宣传工具，和各种可以利用的力量结成暂时的联盟。当然，最重要的还是它所掌握的强力和武装。发起一个运动有时并不容易，因为这个运动可能和人们千百年来形成的习惯并不相符，和常识乃至人们心目中的道德并不相符，这时就不仅要借助强大的组织和宣传，还要在其后面配备武力支撑乃至强制。而军队和政权自然是最大的武力，所以，运动的目标又会汇聚到夺取政权上。这种动员甚至在夺得政权之后还会继续,当然,掌握政权之前与掌握政权之后的运动方式及其具体目标也会不一样。

总之,20世纪是一个行动的世纪,尤其是一个大众运动风起云涌的时代,虽然尊崇群众和多数,希望从中获得一种改造世界的实践力量的思想理论在这以前的两个世纪就已经产生,但直到这个世纪,群众才真正在实践中显示自己的巨大力量。当然,我们也还是要关注诸如大众和精英、多数与少数、民族与元首、阶级与领袖两者之间的关系。如果说,过去在多数与少数之间保持着明确的界限和较大的距离,少数统治主要是一种"通过距离实行的统治",那么,多数和少数的某种结合正是这个时代的一个主要特征。多数群众是有力的,但它又是被少数精英唤起、动员和组织起来的,以至我们有理由将20世纪称之为一个"动员的时代"。几乎所有欲在政治上有为的思想和政党,不管它们在目标上如何分歧和对立,都在实践和组织上诉诸群众。国家政治生活不再是少数人所为之事,而是与社会,尤其是下层社会紧密联系在一起。原本沉默的多数不仅开始发出自己的声音,而且伸出自己的拳头或者拇指。政府或政党要从群众、多数、人民那里获得一种物的力量和观念的合法性。

那么,一个大众的时代真的来临了吗?可以说是,也可以说不是。如果从大众的主要价值追求和意向越来越重要,乃至占支配地位来说,从所有领域的精英,包括政治领导人几乎无一例外都要考虑他们的愿望和意见来说,大众的时代已经来临。但如果从"大众时代"就意味着大众直接和全面的统治,包括进行日常的政治治理来说,这样的"大众时代"并没有来临,甚至可能永远不会来临。

正如前述,大众本身就是通过思想精英的启蒙而得到一种群体意识,又是通过一种政治精英的动员而投入大规模行动的。大众的崛起本身也是精英引导和发动的产物。但它崛起之后的确又会有自己独立的利益和力量。所以,"大众时代的来临"本身也可以说是"大众与精英新关系的时代的来临"。的确,原有的少数统治和等级机构被推翻和打破了,但在经历了一个激动人心的平等多数的革命狂欢和社会激荡之后,新的隐秘的等级结构和少数统治又往往开始悄悄地建立。即便在最崇尚民主的国家,人们也不难发现一种精英的日常治理。但在传统的社会里,少数精英的统治是以公开或法律的形式出现,在现代却常常是以人民的名义实行统治,或者人民还是能够保持着一种最后的决定权。如果我们不是仅仅看到街头反抗的大众,也看到平时安静的营营役役的大众,那么,可以说,大众追求不断提升的物质生活的欲望还是得到了优先的关怀和尊重。无论政治的形式是实行民主还是顺从民意，大众的确以某种形式在政治和社会中发挥了某种主要的作用。从大众的欲求已经成为时代的主导价值来看，的确可以说，大众的时代已经悄然来临。

注释

1 原书名为 *Extraordinary Popular Delusions and the Madness of Crowds*，中译本将主书名易为《大癫狂》，程浩译，电子工业出版社，2013年。
2 《群体心理学与自我的分析》，载于《弗洛伊德文集》第6卷，《自我与本我》，第95页，车文博主编，长春出版社，2004年。
3 麦克里兰，《西方政治思想史》，第769—771页，彭淮栋译，海南出版社，2003年。
4 原书名为 *The True Believer*，中译本书名改为《狂热分子》，梁永安译，广西师范大学出版社，2008年。
5 同上，第167页。
6 《群众与权力》，第12—13页，冯文光等译，中央编译出版社，2003年。
7 《群众与暴民》，第386页，何道宽译，复旦大学出版社，2014年。
8 《乌合之众》，第6页，冯克利译，中央编译出版社，2000年。
9 参见《哈佛演讲录——近代欧洲的道德与政治》，顾玫译，上海文艺出版社，2003年。

目 录

贝娄序 / 001
中译序 大众的反叛与欧洲的前途 / 007
英译序 / 032
作者序 / 035

第一部分

第一章 大众时代的来临 / 003
第二章 历史水平线的上升 / 016
第三章 时代的高度 / 028
第四章 生活的改善 / 042
第五章 一项统计事实 / 054
第六章 大众人剖析 / 064
第七章 高贵的生活与平庸的生活,或勤奋与懈怠 / 074
第八章 为什么大众要干涉一切,为什么他们的干涉总要诉诸暴力? / 084

第九章　野蛮主义与科技 / 097

第十章　野蛮主义与历史 / 111

第十一章　志得意满的时代 / 123

第十二章　专业化的野蛮主义 / 138

第十三章　最大的危险：国家 / 148

第二部分

第十四章　谁统治这个世界？ / 165

第十五章　我们遇到了真正的难题 / 257

附　录　奥尔特加主要著作一览 / 262

译后记 / 265

贝娄序[1]

索尔·贝娄

"大众人"(mass man)是什么,在安东尼·克里根对《大众的反叛》(*La rebelión de las masas*)的出色翻译中,奥尔特加为我们做了充分且明确的界定,但就这本书的论证做一个简述对读者来说可能依然是有用的。

奥尔特加在谈到"大众人"时,并非指无产阶级,他并不打算让我们去思考任何社会阶级。对他而言,"大众人"是一种全新的人类类型。法庭上的律师、法官席上的法官、俯身麻醉病人的外科医生、国际银行家、科学界人士、私人飞机上的百万富翁,尽管他们受过教育,拥有财富或权力,但他们几乎都是大众人,与电视维修工、陆海军商店的职员、市政消防检查员或者酒吧招待没有重要的区别。奥尔特加认为,在西方,我们生活在一种平庸者的独裁统治(a dictatorship of the commonplace）之下。科学技术的重大成就使人口的大幅增长成为可能，并且随着新的人群的出现，文明社会的性质已经发生革命性变化，因为在奥尔特加看来，革命不仅仅是对现存制度的反叛，而且还要建立一个与传统秩序截然对立的新秩序。现代革命为普通人（the average man）、为其当今所属的巨大社会集团创造了一种与旧时截然相反的心理状态。公共生活已被彻底颠覆。不受任何资格限制的个人，"在法律上是平等的"，属于拥有最高主权的大众。在考察这一拥有最高主权之大众的集体假设的基础上，奥尔特加得出结论：尽管世界在某些方面仍然是文明的，但它的居民却是野蛮人。奥尔特加认为野蛮是由规范的缺乏来界定的，"如果没有可以诉诸的法律原则，就无所谓文化"。在大众社会里，哲学和艺术有着与法律传统相同的命运。

奥尔特加的"大众人"具有怎样的特征呢？他无法在自然的与人为的之间做出区分。廉价且丰富的商品和服务，包装好的面包、地铁和蓝色牛仔裤，自来水和一触即亮的电子设备，这些科技包围着他，就像自然世界的延伸一样，已经深入到他的脑海当中。他认为这里有空气可以呼吸，有阳光能够照射。他也预期电梯会上升、公交车会把他带到目的地。他分辨人造物与有机体的能力渐渐消失。他对神奇的大自然与技术天才视而不见，认为二者都是理所应当的。因此在奥尔特加的大众社会里，底层民众已经胜利了，并且在严格意义上讲他们并不关心文明，而只关心机械化所带来的财富和便利。大众社会的精神要求它无拘无束且唯我独尊；事实上没有什么是不可能的，没有什么是危险的，并且在原则上没有人比其他任何人更优越——奥尔特加认为，这就是"大众人"的信条。相比之下，"精英"（select man）只要服务于一个超验的目的，就会明白他必须接受一种奴役。"随心所欲"，歌德说，"是平民的生活方式；高贵的人追求秩序与法律"。由此可知，大众人缺乏严肃性。对他来说，没有什么是真实的，全部都是可替换的。一切事物之于他都是暂时的。他可能偶尔在悲剧中扮演角色，但普遍的情绪却仅仅是一场闹剧，大众人喜欢笑话。他是一个被宠坏的孩子，要求娱乐并且喜欢耍性子，缺乏形式以及只有紧要之事才能引发的不可或缺的紧张。他的唯一诫命是"你应该期待便利"（*Thou shalt expect convenience*），"人们所做的唯一努力就是逃避自己真实的命运"。

并且，在奥尔特加看来，什么才是野蛮人的命运？对平庸之人来说，开放的生活世界使得他封闭了他的心灵。大众的反叛建立在普通民众心灵闭锁的基础之上，这反过来又"构成了今天人类所面临的重大危机"。灵魂对此如何做出反应,或者它是否会做出反应,奥尔特加在本书中并没有告诉我们。他在其他地方回答了这个问题。在《人与民族》(Man and People)一书中,他论述了个体本身的心灵斗争以及作为形成真实观念前提之一的"内在自我"(being inside oneself)的必要性,因为没有那些原始的、创造性行动的孕育,社会就会消亡。

"人们的生活水平在我们这个时代经历了奇迹般的增长,而大众的反叛与这种增长就是一回事。但是,同一个现象的另一面却是可怕的,它不是别的,而是人类道德的彻底沦丧。"这是奥尔特加最悲观的看法。诚然,他说,就普通人而言,西方所达到的生活水平比过去任何一个国家都要高,但如果我们展望未来,我们就会有理由担心它既不能保持这一水平,也不能达到更高的水平,"反而极有可能倒退,跌落至更低的水平线"。在政治领域,他似乎想当然地认为,大众是通过国家来行动的,并且在大众统治之下,国家将不可避免地粉碎个体的独立性。

我认为,指出西方当前的情境与这本书首次出版时的情境之间的差异是恰当的。奥尔特加写作时,西方正处于与科技的蜜月期,十年前这种蜜月期结束了。怀疑和恐惧明显地弥漫于大众社会。尽管生活水平不断提升,但由于日益严重的文明危机、战争和更新换代的速度,以及大众人逐渐意识到世界的资源毕竟是有限的,现代人的信心被极大地动摇。此外，大众终究无法控制国家。不能说高水平的警察国家表达了他们大众的意志，也不能说希特勒在第二次世界大战中领导了被宠坏的孩子的国家。大众传媒并没有反映大众的支配，相反，它们展示了那些形成公共舆论和公众品味之魔术师们的技巧。普通人不可能想到他能理解或控制正在发生的事情。他无法坚定地相信他所看到的画面。20世纪80年代的平庸并不像五十年前那样自信，种种危机使其大为收敛。如果说人类在今天意志消沉，那么，其原因或许并不在于大众的反叛，而在于大众社会遭受的挫折，在于其太过现实主义之恐惧的越来越浓厚的阴影，尤其在于被困扰、被损害——如果说还没有完全被毁灭——之灵魂所感受到的痛苦。

可以肯定的是，奥尔特加有他的前辈。包括尼采在内的早期作家，曾经强烈地谴责了一种新的人类类型的出现（《查拉图斯特拉如是说》中，尼采将其称为"最后的人"），但奥尔特加绝非一个缺乏独创性的思想家。奥尔特加的"大众人"是19世纪艺术家所见到的中产阶级的后代——司汤达的小商人和外省政治人物、福楼拜的郝麦、陀思妥耶夫斯基的巴力崇拜者。这些作家都是奥尔特加的前辈，并且某种程度上，他借助他们的视角来看待20世纪：一种被贬损的、面目全非的人类类型，一种世界上拥有数亿人的新生力量，正在支配着现代文明。

任何人只需读上一页奥尔特加的文章，就可以看到他完全属于他自己。他博览群书，却不模仿任何人。法国作家马塔（David Mata）最近在《邂逅》（*Encounter*）中提到，奥尔特加是"一个源头，一个源泉。他是如此无学究气，如此朴实无华，以至于他根本不是一个传统的哲学家：他似乎如此透明，以至于他没有什么，只有光亮。对于他所思考的任何主题……他都散发出正午的光辉，偏见、部族偶像、各种实体形式在这里统统消失殆尽"。尽管他是一个文明的欧洲人，一个伟大的欧洲人（*un grand Européen*），但他的光辉却是独一无二的西班牙风格。

1985 年

（陈丽译，刘训练校）

注释

1 这一序言是根据 1985 年美国印第安纳州圣母大学出版社出版的英译本（以下简称 80 年代英译本）译出的。索尔·贝娄（Saul Bellow, 1915—2005），美国犹太裔作家，被称为美国当代文学的发言人，1976 年诺贝尔文学奖得主。代表作品有《奥吉·马奇历险记》《洪堡的礼物》《赫索格》《更多的人死于心碎》等。——编注

中译序

大众的反叛与欧洲的前途

刘训练　佟德志

一、大众时代的知识贵族

何塞·奥尔特加·伊·加塞特（José Ortega y Gasset，1883—1955），无疑是20世纪西方思想家中最为耀眼的"明星"之一，然而，他在中国学术界和思想界却长期没有引起足够的重视，这不能不说是一件憾事。[1]

奥尔特加1883年出生于西班牙马德里的一个知识分子家庭，父亲是一位小说家和记者，母亲的家族则掌握着西班牙当时一家著名的自由派报纸，所以奥尔特加说自己是"出生在一架印刷机上"。1904年，在马德里大学获得哲学博士学位以后，奥尔特加负笈德国，于1905年至1907年间在柏林、莱比锡和马尔堡等地求学。回国以后一直从事教育文化工作，1910年起担任马德里大学形而上学教授，直到1936年西班牙内战爆发。

奥尔特加绝不是一个象牙塔内的学者，而是一位典型的"公共型知识分子"，可以说他是集思想家、教育家、出版家、作家、演说家以及政治活动家诸多头衔于一身。1914年，他与友人创建了西班牙政治教育联合会，1915年，他创办了《西班牙》（*España*）杂志，1923年至1936年，他创办并主编了著名的《西方评论》（*Revista de Occidente*）月刊。此外，他还与他人合办了享誉全球的《太阳报》（*El Sol*）以及西班牙最重要的出版机构之一爱斯帕莎-卡培（Espasa-Calpe）出版公司。

奥尔特加生活的时代是西班牙历史上最错综复杂、动荡不安的年代，正如有评论者指出的那样，"其他的现代哲学家几乎很少能够像奥尔托（特）加在20世纪30年代西班牙共和国时期那样，发挥如此深入人心的影响和主导作用，或许一个都没有"。[2] 在里维拉的军事独裁统治时期（1923年到1930年），奥尔特加在政治上坚持自由主义，反对君主制和独裁统治，为此他曾一度辞去教职以示抗议。1931年，他和其他共和派知识分子一道创建了"共和国服务协会"。在里维拉倒台和国王阿方索十三世退位以后，奥尔特加作为莱昂省的代表当选为第二共和国的立宪议会议员，并在马德里市政府任职。但很快，奥尔特加就对现实政治感到厌倦，于第二年即退出政界。1936年到1939年西班牙内战期间，奥尔特加对左右两派人士都提出了严厉的批评，坚决反对法西斯分子和极权主义者把西班牙作为实验地。他不愿意在佛朗哥的独裁统治下苟安，于是自动流亡海外，到阿根廷、法国、葡萄牙等地游历讲学。二战结束以后，他曾两次回到祖国，但直到1948年才归国定居，并创建了人文主义研究会。在最后的十年生涯中，他曾多次赴欧美等地讲学，并由此获得了崇高的声誉。1955年，奥尔特加在马德里去世。

奥尔特加也是20世纪非常罕见的一个"知识贵族"，他的著作不但数量惊人，而且涉猎范围极为广泛，哲学、文艺评论、政治、历史乃至教育等无一不在他的视野之内。其中比较著名的有：《堂·吉诃德沉思录》《没有主心骨的西班牙》《我们时代的主题》《艺术的去人性化》《关于小说的笔记》《大众的反叛》《大学的使命》《历史是一个体系》《走向一种历史哲学》《人与民族》《什么是哲学？》《哲学的起源》《人类与危机》《现象学与艺术》《对世界史的一种解释》以及《历史理性》等。[3]

作为哲学家，奥尔特加被视为17世纪以来西班牙最重要的哲学家，与另一位著名思想家乌纳穆诺（Unamuno）一时瑜亮，堪称西班牙存在主义哲学中的双子星座，[4]加缪更誉之为尼采以后欧洲最伟大的作家。虽然人们一般都将奥尔特加的哲学看作现象学、存在主义的一支，但事实上他的哲学思想极为复杂，早年他曾受德国新康德主义的影响，接受客观主义（Objectivism）；其后又转向透视主义（Perspectivism）；最后则形成所谓理性-生命主义哲学（Ratio-Vitalism）。[5]

同样，在社会、政治思想上，人们对他的看法也是各执一词：伯恩斯认为他的思想属于"自由保守主义"；[6]约翰·格雷（John Gray）把他与马克斯·韦伯（Max Weber）、维尔弗雷多·帕累托（Vilfredo Pareto）等人一道称为"绝望的自由主义者"；[7]弗里德里希·哈耶克（Friedrich Hayek）、艾因·兰德（Ayn Rand）等自由主义思想家对他更是推崇备至；乔万尼·萨托利（Giovanni Sartori）说他"主张将自由主义和社会主义结合起来"；[8]而约翰·格雷厄姆（John Graham）在他最近对奥尔特加的卓越研究中，则以"后现代主义"和"实用主义"来概括他的思想体系。[9]不过，在人们心目中，他更多是一位保守主义者的形象，并作为大众社会理论的先驱而知名。

二、大众批判与精英主义情结

《大众的反叛》是奥尔特加最负盛名的著作，出版后一时好评如潮,《大西洋月刊》甚至载文评论说此书之于20世纪,一如《社会契约论》之于18世纪,《资本论》之于19世纪。那么,这本书到底讲了些什么呢?

首先,我们不妨来看一看奥尔特加所说的"大众"到底指什么人。奥尔特加认为社会是由少数精英和大众所构成的一种动态平衡:"少数精英是指那些具有特殊资质的个人或群体,而大众则是指没有特殊资质的个人之集合体"。[10] 正如作者本人以及许多评论者所一再指出的,不能把这里的大众简单地理解为劳动阶级。奥尔特加关于大众与精英的区分并不是社会阶级的划分,而是两类人的划分,在上层阶级和下层阶级中都存在着大众与精英。[11]

奥尔特加认为,这个世界上存在着两种类型的人:

> 一种人对自己提出严格的要求,并赋予自己重大的责任和使命;另一种人则放任自流——尤其是对自己。在后一种类型的人看来,生活总是处在既定的状态之中,没有必要做出任何改善的努力——他们就像水流中漂动的浮标,游移不定,随遇而安。

在以往的时代,大众"很清楚自己在一个有序的、动态的社会体系中所扮演的角色,那就是各安其位"。然而，在当代欧洲的公共生活中，大众却开始掌握了最高的社会权力。奥尔特加指出，就大众一词的含义而言，大众既不应该亦无能力把握他们自己的个人生活，更不用说统治整个社会了。"因此，这一崭新的现象实际上就意味着欧洲正面临着巨大的危机，这一危机将导致生灵涂炭，国运衰微，乃至文明没落"。这就是奥尔特加所谓的"大众的反叛"。

奥尔特加认为这是一个让人望而生畏的现实，它的野蛮特征一览无余："大众把一切与众不同的、优秀的、个人的、合格的以及精华的事物打翻在地，踩在脚下；任何一个与其他人不相像的人，没有像其他人一样考虑问题的人，都面临着被淘汰出局的危险"。由此，他惊呼：欧洲正在目睹一场"野蛮人的垂直入侵"，如果这一类人继续成为主宰，那么不出30年，欧洲将会退化到野蛮人的境地！

奥尔特加随即又指出，"政治活动虽然是公共生活中最有影响、最引人注目的方面，但它不过是其他更隐蔽、更难以捉摸的因素之结果罢了"。因此，大众在政治上的不服从源于一种更深刻、更具决定性的智力上的不驯服，也就是说，大众的反叛根源于普通民众心灵的闭塞。

在奥尔特加看来，大众的心理存在着两个基本特性：一方面是他们生命欲望的自由膨胀，亦即个性自由的伸张；另一方面，他们却对使之生活得以安闲舒适的造福者丝毫不存感激之情。奥尔特加因此而将大众比喻为"被宠坏了的孩子"，大众与宠坏的孩子之间的心理症状是相似的：

> 世界对他反复无常的要求没有一点限制，尽量予以满足；并给他这样的印象：他可以任意而为，无拘无束，不知道义务为何物。……由于所有外在的压力、限制都被取消，任何可能的冲突都不复存在，于是他竟然开始相信自己是唯一存在的，并习惯于唯我独尊，而不考虑、顾及他人，特别是不相信别人比自己优秀。

这种情况是如何发生的呢？奥尔特加断言：力图领导欧洲当代公共生活的大众人正是19世纪的三项原则所培育和造就的，那就是：自由民主政体、科学实验和工业制度，而后两项原则可以合并为一个词：技术。19世纪给生活秩序带来的组织上的完美，使得大众受益匪浅，但他们却把它视为一种自然系统，而不是一种组织系统。因此，大众暴露出来的心智状态是极其荒谬的：

> 他们唯一关心的就是自己生活的安逸与舒适，

但对于其原因却一无所知,也没有这个兴趣。因为他们无法透过文明所带来的成果,洞悉其背后隐藏的发明创造与社会结构之奇迹,而这些奇迹需要努力和深谋远虑来维持。他们认为自己的角色只限于对文明成果不容分说的攫取,就好像这是他们的自然权利一样。

这一点突出地表现在大众对待科学的态度上,奥尔特加相信技术与科学是互为表里的:"当科学不再关注其自身的纯粹状态时,它将不复存在;而除非人们对于文化之一般原则继续保持热情,否则这种关注也不会持久。一旦对纯粹科学的热情走向死寂——目前的情况似乎正是如此——那么技术不久也将寿终正寝,即使它还能苟延残喘一阵子,所依靠的也仅仅是文化动力的惯性。我们与技术上的需求同生共存,但并不依赖它们而生存"。也就是说,出于实用目的而对科技产生的兴趣,非但不能保证科技成果的进步与维持,反倒可能使之倒退:

> 我对此种情况异常惊讶,那就是当我们说到技术时,竟然忘记了技术的关键内核是纯粹科学,而技术得以持续发展的条件和纯粹科学得以繁荣兴盛的条件是水乳交融的。我们有没有认真考虑过这样

一个问题:为了保证真正的"科学人"得以继续存在,人类的心灵与大脑需要具备哪些前提条件呢?难道我们真的相信只要有金钱,就会有科学?

更让奥尔特加感到痛心疾首的是,在科技人员自己身上竟然也暴露出对待科学弃之如敝履的冷漠态度,这使他断言:"当前的科技人员正是大众人之原型"。在现代科技分工中出现的专家,把自己限制在日渐狭小的知识范围之内,结果导致他们与科学的其他分支以及对宇宙的完整解释逐渐失去了联系,"而唯一能堪称科学、文化与欧洲文明的恰恰就是对宇宙的完整解释"。

众所周知,奥尔特加并不是"大众时代"的第一个预言者与批评者,也不是精英主义最著名的倡导者:在他之前有卡莱尔的英雄哲学、尼采的超人哲学、帕累托和加埃塔诺·莫斯卡(Gaetano Mosca)的精英理论、勒庞的群众心理学说;在他之后则有卡尔·曼海姆(Karl Mannheim)、约瑟夫·熊彼特(Joseph Schumpeter)、汉娜·阿伦特(Hannah Arendt)以及法兰克福学派对大众社会的剖析与批判,等等。[12]但是,奥尔特加对19世纪末20世纪初众多保守主义人士感到惶惶不可终日的"时代危机"的诊断何以显得如此别开生面、独具一格呢?这恐怕与他的剖析在很大程度上较早地揭示了现代人的困境有关。

奥尔特加写道:

> 这是一个深奥的、可畏的、无穷无尽的、无法预测的世界,在这里一切都是可能的,不论是最好的,还是最坏的。现代文化的信仰是一种让人抑郁的信仰,它意味着明天与今天在本质上毫无区别,所谓进步只是沿着我们脚下的同一条道路一步一步地走下去。这条道路毋宁是一座伸缩自如的牢狱,它可以延伸拓展,但绝不指望它能让你获得自由。

之所以会出现这种情况,则又是因为我们这个时代面临着过去与现代的豁然断裂这一无法挽回的事实,它引发了或多或少有些暧昧的怀疑心态,这一怀疑心态给当代生活带来了不安:

> 我们感到自己突然被遗弃在这个星球上,茫然无助;逝去的人不但在形体上离我们而去,而且在精神上也杳然无迹,他们不再给我们任何帮助;传统精神的鲁殿灵光也已消失殆尽,残留的规范、模式、标准对我们而言已经全然无用;失去了历史的助力与合作,我们所面临的一切问题,无论是艺术

的、科学的,还是政治的,都必须独自解决;现代人孤零零地立于大地之上,再也没有充满生机的幽灵伴其左右。

因此,我们生活在一个充满悖论的时代里:人们确信自己拥有巨大无比的创造力,却又不知道应该创造些什么;他可以主宰一切事物,却又掌握不了自己的命运;他在自己的充盈富足中茫然不知所措。同过去相比,它掌握了更多的手段、更多的知识、更多的技术,但结果却是重蹈以往最不幸的时代之覆辙:今天的世界依然缺乏根基,漂泊不定。

奥尔特加对自己精英主义的历史观和社会观毫不隐晦:

> 我过去认为,现在仍然认为——并且坚持这一观点的信念与日俱增:不管人们愿意与否,人类社会按其本质来说,就是贵族制的。甚至可以这样说:只有当它是贵族制的时候,它才真正成其为一个社会;当它不是贵族制的时候,它根本就算不上一个社会。当然,我这里说的是社会,而不是国家。

他认为"贵族"这样一个令人鼓舞的字眼,在日常语言中遭到了曲解和滥用。因为,在许多人看来,"贵族"仅仅意味着世袭的"高贵血统",这样它就沦为与共同权利相差无几的事物,成了一种静止的、消极的身份与资格,不需要付出艰辛的努力就可以获得与转移。但是,就严格意义而言,"贵族"一词的语源本来是动态的:

> 在我的心目中,贵族就等同于一种不懈努力的生活,这种生活的目标就是不断地超越自我,并把它视为一种责任和义务。

奥尔特加所持的精英循环论正是这一时期精英主义的一个共性,帕累托、罗伯特·米歇尔斯(Robert Michels)、莫斯卡、勒庞、贝内代托·克罗齐(Benedetto Croce)概莫能外。

尽管奥尔特加费尽心思,对"贵族"一词做出了如此繁复的限定与说明,可是,现实中贵族头衔只能通过血统世袭这一事实还是无情地否定了他苦心孤诣的辩护。当然,奥尔特加对血统贵族也做了严厉的批判,以至于"贵族世家子弟"成了他对"大众人"的一个极具贬义的譬喻。才能与德行是无法遗传的这一简单道理不知让多少精英主义的思想家头疼不已,柏拉图"高贵谎言"的善意虚构、儒家"内圣外王"的崇高理想无一不在这个问题上露出破绽。或许人类真的走不出如法国作家拉布吕耶尔（La Bruyère）所说的"民众缺少才智，伟人没有心肠"的困境？

总的说来，奥尔特加对大众以及大众社会的批判机智、敏锐而不失警醒、深刻，但对于如何培养精英、如何实现精英的循环等问题却几乎没有任何建设性意见。不过，对一个文化批评家提出社会科学家的要求似乎有点苛刻了，其实即便是社会学家，面对精英理论中的传统难题又能解决多少呢？[13]

三、绝望的自由主义

同阿历克西·德·托克维尔（Alexis de Tocqueville）、约翰·密尔（John Mill）一样，奥尔特加对正在崛起的"大众民主"可能导致的"多数人的暴政"怀有一种深深的恐惧。

奥尔特加指出：

> 最近发生的政治变革全然意味着大众对政治生活的支配。传统的民主政治由于自由主义和对法律的习惯性遵从这两味药剂的作用而得到缓解，由于这些原则的存在，个人把自己限制在严格的纪律范围之内。少数人能够在自由主义原则与法治的庇护

之下行动自如,民主与法律——法律之下的共同生活——的含义是一致的。然而,今天我们正在目睹一场"超级民主"的胜利,在这种民主当中,大众无视一切法律,直接采取行动,借助物质上的力量把自己的欲望和喜好强加给社会。

奥尔特加的行文当中充满了对自由民主政体的推崇与辩护。奥尔特加认为,在所有的政治形式中,最能体现人类追求共同生活之崇高意愿与努力的就是自由民主政体。

19世纪的自由主义是这样一种关于政治权利的原则:在它看来,公共政治权威尽管是强有力的,但它必须进行自我限制,甚至准备以牺牲自己为代价在它所统治的国家中为如下一些人留有空间,即那些在想法或感觉上与强者,也就是与大多数人不一致的人。在今天很值得我们追忆起,自由主义是宽容的最高形式;它是多数承认少数的权利,因此,它是我们这个星球上曾回响过的最崇高的呼声。它宣告了一种与敌人——哪怕是孱弱的敌人——共存的决心。认为人类应该达到如此崇高、如此精致,但又如此自相矛盾、如此有悖自然的境界,着实令人难以置信，所以，同一群人似乎又急欲除之而后快也就不足为奇了。这是一项过于错综复杂，因而难以在地球上扎根的原则。

在奥尔特加看来，以科技知识为基础的自由民主政体是迄今最高级的公共生活方式，这种生活方式或许并不是我们想象中最好的，但我们所能想象得到的最好的公共生活方式却必欲保留这两条原则——自由民主政体和科技知识——的本质。因此，退回到19世纪之前的任何一种生活方式都无异于自取灭亡。

作为古典自由主义者，奥尔特加将国家视为最大的危险。他感叹道：

> 在我们这个时代里，国家已经变成了一台庞大的机器，这台机器以其非凡的方式在运转着，其精确无比且数量惊人的手段所带来的效率之高，令人叹为观止。一旦国家在社会中拔地而起，只消轻轻一摁按钮，它就可以启动无数操作杠杆，并以它们势不可挡的力量作用于社会结构中的任何一个部位。

更加糟糕的是，当国家的公共生活出现困难、冲突和危机时,大众就会倾向于求助国家的即刻干预,凭借其巨大无比、不可抗拒的手段直接加以解决。

因此,奥尔特加指出,"当前威胁文明的最大的危险就是国家干预、国家对一切自发的社会力量的越俎代庖——这就等于说取消了历史的自发性,而从长远来看,维持、滋养并推动着人类命运的正是这种自发性"。[14] 本来,人们为了使整个社会可以生活得更好而建立了作为一种手段的国家,但是,如今国家却盘踞于社会之上,反而使得社会不得不开始为国家而存在。以道格拉斯·诺斯(Douglass North)的观点来审视这一现象时,我们会发现,奥尔特加所担心的正是统治者租金最大化的要求甚嚣尘上,超出了社会产出最大化的追求,悖论的天平发生了倾斜。

在第二次世界大战爆发前的这段时间里,自由主义在欧洲面临着法西斯主义和极权主义的严峻挑战,对此,奥尔特加奋起捍卫自由主义。他认为极权主义与法西斯主义,是当前出现在欧洲及其周边地区的两种"新"的政治冒险,是欧洲走向倒退的典型例证。他指出:

> 无论是极权主义,还是法西斯主义,这两种尝试都没有达到我们时代的高度,因为它们没有能够通过透视法再现整个过去的缩影,而这正是改善过

去的基本条件。通过正面交锋与过去作战是不可能的,未来只有把过去囫囵地吞噬下去才能征服它,如有任何遗漏,未来就是失败的。

极权主义与法西斯主义都是虚幻的黎明,它们带来的不是崭新一天的破晓,而是又一个陈旧时日的轮回:它们是纯粹的原始主义。和所有类似的运动一样,它们不去积极地消化吸收过去的经验和教训,而只能陷入一场以过去的某些传统为对手的愚蠢搏击中。

奥尔特加承认,对自由主义运动的各种批评都自有其合理之处;但是,自由主义依旧颠扑不破,此种真理既不是理论上的、科学上的,也不是智识上的,而是一种全然不同的、更具有决定性的真理,即"命运的真理"。同样,19世纪的自由主义必须被超越,但这完全不是法西斯主义之类宣称自己是反自由主义的运动所能做到的。

尽管奥尔特加悲愤地痛斥法西斯主义、工团主义以及极权主义,而竭力捍卫自由主义,然而,恰恰是对自由主义的这种爱之切,使他对这一意识形态的前途忧之深。奥尔特加不无悲观地预言道:

为了使自己的生活富有意义，为了避免存在的空虚，当代的欧洲人很有可能抑制住自己对极权主义的异议而接受它的指引，极权主义信仰的吸引力不在于它的实质性内容，而在于它所激发的行动的热忱。

四、大众民族与欧洲合众国

《大众的反叛》全书分为两大部分，这两个部分之间各自独立又互相联系：在第一部分中，奥尔特加对"大众的反叛"这一时代特征做出诊断与剖析；在第二部分中，他将"大众的反叛"由欧洲国家之内推延至整个国际领域，由"大众人"转而分析"大众民族"。

如果说奥尔特加对一国之内"由谁来统治"这个问题的回答多少有些含糊其词的话，那么，他对世界范围里这个问题的回答则是明确的：统治世界的民族是英、法、德这样三位一体的三个民族。[15] 不过，奥尔特加对此并没有刻意渲染，因为，他心目中理想的候选人毋宁是作为"一个同质化群体的欧洲""超国家的欧洲"或者说"欧洲合众国"，而不是哪一个具体的民族。

奥尔特加认为大众反叛的根源之一在于欧洲的衰败与没落，但他对一战以后喧嚣一时的"西方的没落"，也就是所谓的"欧洲的没落"这一悲观论调颇不以为然。对此,他展开了详尽的分析。

首先,他指出"欧洲的衰落"是一个含糊而拙劣的措辞,因为它没有说清楚我们所谈论的是欧洲的国家呢,还是欧洲的文化,抑或是隐藏于二者背后的"欧洲的活力"。在他看来,只有生命力的衰落才是真正的、绝对的衰落与颓败。但当前欧洲人确实在经历一种衰微、没落的内在感觉,虽然这种感觉多少有些悖谬,"因为此种没落的预设前提恰好源自这样一个事实,即一方面他们的能力已大为增强,但另一方面,他们却发现自己受制于一种过时的组织,在这种组织中已没有足够的空间供其施展才能"。在欧洲的巨大潜能与其得以发挥的政治组织形式之间存在着严重的失衡,正是这种不均衡导致了欧洲人的萎缩感、挫折感和无力感,欧洲的活力由此受到了沉重的压制。

那么,奥尔特加所谓的这种"过时的组织""残存的制度""历史的赘物"指的是什么呢?他认为就是民族国家,他说:"在某种意义上,我们可以说民族国家的观念与情感是欧洲最具特色的发明。然而,现在,它发现必须得超越自己。这就是在未来的几年中欧洲必然要上演的伟大历史戏剧的轮廓"。如果说民族国家的观念在欧洲历史上曾经发挥过重要作用的话,那么,这种国家观念如今难逃城邦国家的命运:"今天,对于我们这些欧洲人来说,最迫切、最重要的历史使命莫过于实现欧洲这一概念在过去的四个世纪中所暗含的承诺。唯一对这个命运构成障碍的就是旧的民族国家的偏见,也就是,建立在过去基础之上的国家观念。"

因此,"欧洲各国唯有把欧洲大陆各民族缔结成一个伟大国家的雄心壮志,才能使欧洲获得新生。只有这样,古老的欧洲才能再度确立自信,并自发地对自己提出严格的戒律"。在奥尔特加看来,欧洲的统一与欧洲在世界上继续保持统治权是一回事,当然,后者必须以前者为条件。所以,

> 如果欧洲人逐渐习惯了不去统治,那么,不出一个半代的时间,古老的欧洲大陆连同整个世界就会堕入一种道德颓惰、智识贫乏的普遍野蛮主义状态。唯有对统治权的热切期望以及由此产生的严于律己的训练,才能使西方人在精神上保持一种必要的张力。科学、艺术、技术以及所有的一切都有赖于权威意识所创造的激励性氛围。如果缺乏这样一种氛围,欧洲人就会逐渐退化,他们的心灵将会失去那种根深蒂固的信仰,而正是这种信仰激励着他们精力充沛、义无反顾、坚韧不拔地追求生活每一

个层面中的伟大的新观念;缺乏这样一种氛围,欧洲人将不可避免地成为得过且过、随波逐流的人。由于缺乏创造精神和深入钻研的努力,他将退回到昨天,永远地驻足于习惯与例行公事。他将成为一个平庸、琐碎、空虚无聊的造物,就像衰退时期以及整个拜占庭时代的希腊人一样。

为了鼓吹他所提出的欧洲联合的主张,奥尔特加用了极大的篇幅来追溯国家历史,详细地描述了原野—城邦(城市国家)—民族国家的演变历程,[16]并提出了一种动态的国家原则,这一原则的核心不是血缘、语言或者"天然边界",而是共同生活的意愿和计划:

> 在拥有一个共同的历史之前,国家必须创造出一种共同的生活;而在这样一种共同的生活产生之前,国家必须预先梦想、渴求、计划这样的生活。对于一个国家的存在来说,拥有一个未来的蓝图就已经足够了,哪怕这个蓝图根本就实现不了,或者像历史上曾经多次发生过的那样,在几经挫折之后被迫中断。

奥尔特加认为,民族主义不仅是一些"大众民族"

决意反抗那些伟大的、具有创造力的民族——也就是创造了人类历史的少数几个民族——的借口,也是目前欧洲统一道路上最大的障碍。然而,

> 各式各样的民族主义全都是死胡同。如果我们试着将任何一种民族主义投射到将来,那么,我们就会发现它们是没有出路的。民族主义始终与创造了国家的原则背道而驰。民族主义具有排他性,而国家原则却具有包容性。在巩固统一的过程中,民族主义有其积极价值,它是一个崇高而有力的标准。可是,对当前的欧洲来说,巩固时期早已经过去,民族主义完全蜕变为一种狂热;崭新的宏伟事业正需要人们去开辟,但民族主义却成了逃避这种必然性的一个借口。民族主义所使用的原始的行动方式以及它所激发的那一类人充分地表明,它在与创造了历史的壮举背道而驰。

面对当时欧洲各国普遍兴起的民族主义浪潮,奥尔特加声称:最后的光芒才是最持久的,最后的叹息才是最深沉的。因此,所有的经济、军事上的民族主义都不过是历史的回光返照罢了。

我们知道,欧洲统一的理想在西方思想文化史上源

远流长，我们也无法断定奥尔特加的设想在多大程度上影响了历史现实，但在 20 世纪 30 年代西欧各国民族主义甚嚣尘上的背景下，奥尔特加能够预见到欧洲联合体的出现，这不能不说是慧眼独具的。

以上只是译者在阅读和翻译本书过程中所获得的一些初步印象，事实上，本书涉及的内容远不止这些，尤其是其中包含的丰富的生命哲学、历史哲学思想绝非译者目前学力所能窥其精要的，因此，提请读者自行阅读、评判。

注释

1 汉语学界虽然在不同的学科中都曾提到奥尔特加的名字，他的一些著作也有了中译本，但总的说来，我们对这位 20 世纪伟大思想家的了解还是相当欠缺的，据译者所知，大陆介绍奥尔特加思想的重要文章大概只有何兆武先生的《历史理性的重建》一文（收入《历史理性批判论集》，清华大学出版社，2001 年）；港台地区则要稍好一些，但也不是很深入。——若无特殊说明，除导言以外，本书尾注均为中译者注，下同。
2 霍华德·李·诺斯特兰德：《大学的使命·导言》，第 10 页，徐小洲、陈军译，浙江教育出版社，2001 年。
3 奥尔特加的主要著作及其英译本和中译本参见本书附录。
4 参见巴雷特：《非理性的人》，第 15—16 页，杨照明、艾平译，商务印书馆，1995 年。

5 参见 Ferrater Mora：*Ortega y Gasset：An Outline of His Philosophy*, Yale University Press, 1957.

6 参见伯恩斯：《当代世界政治理论》，第314页以次，曾炳钧译，商务印书馆，1983年。

7 J. Gray：*Liberalism*, Minnesota University Press, 1986, p. 93.

8 萨托利：《民主新论》，第40页，冯克利、阎克文译，东方出版社，1998年。

9 西方学术界研究奥尔特加的众多文献中，约翰·格雷厄姆积十年之力推出的三部曲是迄今最全面的著作，参见 John T. Graham：*A Pragmatist Philosophy of Life in Ortega y Gasset*；*Theory of History in Ortega y Gasset："The Dawn of Historical Reason"*；*The Social Thought of Ortega y Gasset：A Systematic Synthesis in Postmodernism and Interdisciplinarity*, University of Missouri Press, 1994；1997；2001.

10 以下引文凡没有注明出处的都引自本书。

11 在这个问题上奥尔特加迥别于桑巴特，后者把无产阶级描写为一种"毫无质的纯粹的量"；全世界的无产者，"在伦敦和在罗马，在莫斯科和在巴黎，在柏林和在维也纳，几乎都是同一种毫无色彩的和毫无个性的形象"（转引自达仁道夫：《现代社会冲突》，第102页，林荣远译，中国社会科学出版社，2000年）。

12 限于篇幅，我们这里不打算详细论述奥尔特加与前人的继承关系、他与同时代人的比较以及他对后人的影响。

13 关于精英理论参见巴特摩尔：《平等还是精英》，尤卫军译，辽宁教育出版社，1998年；关于政治精英理论参见 Geraint Parry：*Political Elites*, Praeger Publishers, 1969.

14 由此我们不难理解哈耶克何以会对奥尔特加赞誉有加了。

15 奥尔特加对美国和苏俄这两个当时正在迅速崛起的民族似乎并不看好，这一点多少让人感到有些意外。

16 不过，奥尔特加的民族国家观与其说来源于他对西欧历史的深刻考察，不如说来源于西班牙民族国家形成的历史过程。我们知道今天的西班牙在历史上就是因为种种历史机缘，由若干个小国逐渐重组、合并而来的。

英译序[1]

本书的作者与乌纳穆诺[2]长期以来一直都是现代西班牙知识界的领袖人物;他们同是大学教授,但最后都不得不打破平静的学院生活,介入现实政治,当然乌纳穆诺的政治参与显得更为悲壮,因而也就更加引起世人的瞩目;他们同是西班牙新政府的支持者,并且都是国会议员。

何塞·奥尔特加·伊·加塞特,1883年出生于马德里。他在马拉加的耶稣学院出色地完成了古典课程之后,进入马德里的中央大学学习,并于1904年获得博士学位。其后,他又负笈德国,在柏林、莱比锡和马尔堡等地继续研习哲学。返回西班牙以后,他曾从事多种教育工作,直至被任命为马德里大学的形而上学教授。1916年他应阿根廷布宜诺斯艾利斯大学之邀到该校讲学,并大获成功,此后,他还曾多次接受该校的邀请,他的影响由此扩大到整个西班牙语世界。

奥尔特加的著作涉及哲学、文学和艺术等诸多领域，这些作品通常以散文形式出现，其中有一部分最初发表在西班牙和南美的期刊上，这些作品后来大都被冠以《观察者》(*El Espectador*)的总标题，分多卷结集出版。在他的单行本著作中，《堂·吉诃德沉思录》和《没有主心骨的西班牙》这两本书最能体现他在文学和政治问题上的思想原创性。由他创办、编辑的《西方评论》不但使西班牙读者能够及时了解欧洲思想的一般动向，而且为西班牙年轻一代的作家提供了一个展示自己才华的机会。

本书创作于西班牙政府改组之前，[3] 对于西班牙未来的历史命运，奥尔特加或许可以说是在以"共和国之父"的身份发表评论，尽管他的角色与其说是一位政治领袖，不如说是一位知识领袖。他犹如一位严厉的父亲，丝毫不惮指责自己的儿女，读者将会饶有兴趣地看到人们在多大程度上接受了他的教诲。

在当前的形势下，奥尔特加承担着一个更为宽广的任务，他绝不仅仅限于谴责欧洲。为了理解本书的意义所在，读者或许应当对以下几点牢记在心：诚如作者在本书最后一章中所指出的，它只涉及了问题的一小部分，因此它在某种程度上是不完善的。至于本书的分析方法，则如作者在其他地方所指出的，犹如耶利哥城墙外的盘桓，[4] 然而，读者务必保持耐性方能有所收获。本书的写作风格是一种非常个性化的风格，时而是新夸饰主义——这是西班牙现代作品备受非议之处，时而又转到卡斯蒂利亚方言——这种日常用语赋予了西班牙语言一种独特的魅力。[5] 译者不敢奢望再现作者此种著述风格的繁复多变，但希望能够忠实地表达作者原来的思想。

至于译者的匿名以及本书缺乏一个索引，如果读者认为有什么不妥的话，这只能归咎于译者，出版者是完全没有过错的。

注释

1 这一序言是根据1932年出版的匿名译者的英译本（以下简称30年代英译本）译出的。——编注

2 乌纳穆诺（Miguel de Unamuno, 1864—1936），西班牙教育家、哲学家及作家，代表作为《生命的悲剧意识》（蔡英俊译，台湾远景出版社，1982年；北方文艺出版社，1987年）、《基督徒的痛苦》以及小说《雾》（朱景冬译，黑龙江人民出版社，1992年）。1924年，乌纳穆诺因为反对里维拉的独裁统治而遭到流放，后逃到巴黎，直至1930年回国。

3 指1930年里维拉独裁政权倒台和1931年初国王阿方索十三世被迫流亡，西班牙成立第二共和国等事件。

4 耶利哥（Jericho），又译"杰里科"，巴勒斯坦古城，此处典出《圣经·旧约·约书亚记》：以色列人久攻耶利哥城不下，上帝谕约他们绕城七次，最后城墙倾塌，该城遂得攻破。

5 夸饰主义（culteranismo），西班牙文学中一种追求典雅深奥的运动，盛行于17世纪，并在20世纪初再度兴起；卡斯蒂利亚方言（castizo），西班牙语的一种方言，后来成为现代标准西班牙语的基础。

作者序[1]

1922年,笔者出版了《没有主心骨的西班牙》一书;1926年,笔者在《太阳报》上发表了一篇题为《大众》(Masas)的论文;1928年,笔者在布宜诺斯艾利斯举行的"艺术之友"协会(the Association of Friends of Art)演讲中做了两次演讲,在这些著作、论文和演讲中,笔者已经探讨了本书所要分析的主题。所以,我现在所做的仅仅是将我已经说过的东西收集起来,并加以整理,俾使之成为一套系统的学说,借以对我们这个时代最关键的事实做出解释。

注释

1 这一序言是根据30年代英译本译出的;在80年代英译本中,作者序言以第一章脚注的形式出现,所不同的是,《没有主心骨的西班牙》一书的出版年份变成了1921年,据译者所掌握的材料,这本著作的第一版确实出版于1921年,并且两个英译本在各自正文脚注中的说法也前后不一,1921年应该是指初版。奥尔特加作品的出版年份相当混乱,比如《大众的反叛》就有1929年和1930年两种说法,对此作者在脚注中做过一些说明,参见本书正文第17页的页下注2。

第 一 部 分 *

* 把全书分成一、二两大部分是 80 年代英译本目录的样式。

第一章

大众时代的来临

不管是好是坏,当代欧洲[1]的公共生活凸现出这样一个极端重要的事实,那就是大众开始占据最高的社会权力。就"大众"一词的含义而言,大众既不应该亦无能力把握他们自己的个人生活,更不用说统治整个社会了。因此,这一崭新的现象实际上就意味着欧洲正面临着巨大的危机,这一危机将导致生灵涂炭,国运衰微,乃至文明没落。这样的危机在历史上屡见不鲜,它的轮廓、特征及其后果早已为人所熟知,我们可以把这一现象称之为"大众的反叛"(the rebellion of the masses)[2]。

为了理解这一令人心悸的现象,我们应当避免一开始就给诸如"反叛""大众""社会权力"之类的字眼以绝对的或首要的政治性含义,我们应当从更宽泛的意义上来理解它们。因为,公共生活不仅指涉政治活动,它同时也(甚至更多是)包括了智识的、道德的、经济的以及宗教的活动,它涵盖了我们所有的集体习惯,甚至包括我们的衣着时尚和娱乐方式。

或许,考察这一历史现象的最好办法就是将我们的注意力转移到视觉经验上来,着眼于我们这个时代所呈现出的最显而易见的方面。

这一事实尽管难以分析却很容易描述,我将称之为"凝聚"的事实或"充足"的事实(the fact of agglomeration, of plenitude)。这一事实就是,如今到处人满为患:城镇上布满了居民,屋宅里住满了房客,旅店里住满了旅客,列车上挤满了出行者,餐馆与咖啡店里坐满了顾客,公园里到处都是散步者,著名医生的诊室前挤满了病人,剧院里挤满了观众,海滩上挤满了游泳的人。寻求一块生存空间,这个往日一般来说不成其为问题的事情,现在倒成了我们每天都要面对的难题。

这就是全部问题之所在。在现实生活中,还有什么事实比这一切更简单、更明显、更持久呢?透过这个事实一览无遗的表象,我们将会意外地看到一股泉流喷涌而出:在那里,日常生活中的每一束白光都被透析为绚丽斑驳的彩色光谱——这真让人感到惊异万分。

我们到底看到了什么,是什么景象让我们如此惊异?我们看到的是大众,他们正在占据着文明所开拓的每一块空间，使用着文明所创造的每一种工具。如果做进一步的思考，我们则会对自己的惊讶感到不可思议：这一现象不是很自然吗？这难道不是事物的理想状况吗？剧院里的座位就是让观众坐的呀，坐满了人怎么了？公共交通设施、旅馆客房还不都是一样？确实如此。但问题在于：先前所有这些设施从来没有满员过，而如今却是到处人满为患，以至于还有些渴望使用它们的人被拒之门外。虽然这一事实非常合乎逻辑，顺乎自然，但我们不能不承认：这样的事情以前从未有过，但现在却发生了。因此，事情正在起变化，一些新的东西已经开始出现。这样一个变化、一种革新至少可以证明，我们起初的惊奇是合理的。

惊奇也好，诧异也罢，都是理解的开端。理解活动是知识分子所特有的一种享受与奢侈，这一群人的典型特征就是带着好奇的目光审视这个世界，世界上的万事万物在那些睁大的眼睛里都是陌生而奇妙的。好奇的禀赋给他们带来了乐趣，这种乐趣绝不是那些足球迷们所能体会到的，但它却让知识分子毕其一生都心醉神迷于那个空幻的世界。知识分子的特殊品性就是那双充满好奇的眼睛，所以，先民们为智慧女神密涅瓦（Minerva）配置了一只目光炯炯的猫头鹰。[3]

凝聚、麇集的现象在以前并不多见，但何以如今触目皆是呢?

我们周围无所不在的大众成员并非从天而降,大致相同数量的人口十五年前就已经存在了;事实上,经过第一次世界大战他们的数目应该减少才是。恰恰在这里我们遇到了第一个极其重要的现代因素:组成大众的个人以前就已经存在,但他们并不是作为"大众"而存在,他们以小群体的方式散布于世界的各个角落,或者就是离群索居;他们的生活方式各异,相互隔绝,老死不相往来;每一个人或小群体各自占据着一块地盘:田野、乡村、城镇或者是大都市的一隅。

然而,现在他们却作为一个凝聚体,作为群众在一夜之间崛起,我们环顾四周,目之所及全是大众。哪儿都是吗?不,更确切地说,是在那些最值得人们想望的地方,是那些洋溢着现代文明之高雅气息的地方。一句话,在那些先前只为少数精英人物所保留的地方,如今都出现了大众的身影。

大众突然出现在世人面前,并且在社会上占据着优越的地位,而在过去——如果它存在的话——它却从未被人注意过,它仅仅是社会舞台的背景,一点儿也不起眼,然而,如今它却越过舞台的脚灯,摇身一变成了主角。在社会的舞台上,再也看不到严格意义上的主人公,取而代之的是合唱队。

"大众"（the multitude）这一概念是数量意义上的或者说视觉意义上的，如果我们在不改变原义的前提下把它转换为社会学术语，那么我们就会碰到"社会大众"（the social mass）这一概念。社会总是由两部分人——少数精英（minorities）与大众——所构成的一种动态平衡：少数精英是指那些具有特殊资质的个人或群体，而大众则是指没有特殊资质的个人之集合体。因此，不能把大众简单地理解为或主要地理解为"劳动阶级"，大众就是普通人。从这一点来看，纯粹的数量概念——大多数人、群众——就转变为一种质量上的限定：它被用来指一种一般的社会属性，这种人与其他人没有什么两样，但在他身上却再现了一种普通原型。从这一数量到质量的转换中，我们能得到什么启示呢？答案很简单：通过质量的内涵，我们可以理解数量的根源。其含义之浅显，接近于这样一个老生常谈，即：大多数人、群众的形成往往意味着组成群众的个人在欲望、思想观念和生活方式上的一致。有人可能会反驳说，这种现象存在于任何一个社会群体之中，不管它声称自己是如何卓越非凡。情况确实如此，但这两者之间实际上存在着本质的区别。

在那些不以人数众多或麇集为特征的群体中，其成员之间凝聚力的存在是以在某些欲望、观念或理想方面本身就已经排除了大多数人为基础的。为了形成一个少数——不论其类型如何——首先就需要其每一个成员基于一些特殊的、相对个人化的理由而与大多数人区别开来，因此，他与来自少数派的其他人之间的一致是次要的，次于每一个人此前已经采取的独特态度；这些组织在很大程度上是一种与其他人不一致的一致，一种建立在差异之上的一致。英国的非国教主义者就是这种独特性的典型代表：这些群体称自己为"非国教徒"[4]，但他们之间存在着很大的差异，并且时常互相争论，他们仅仅在自己与绝大多数人不一致这一点上相互认同。少数人聚集到一起的目的正是为了将自己与大多数人区分开来，这是每一个少数派形成的基本动因。有一次，诗人马拉美[5]被邀请参加一位著名音乐家举行的只有少数观众出席的演唱会，他诙谐地评论说，寥寥无几的听众恰恰突出了群众的缺席。

严格说来，大众现象作为一项心理学事实，无须等到个人以麇集的方式出现之后才可以定义。面对单独的一个人，我们就可以判断他是不是一个"大众人"（a mass-man），大众人是这样一种人：他从不根据任何特殊的标准——这一标准的好坏姑且不论——来评价自己，他只是强调自己"与其他每一个人完全相似"。除了这种可笑的声明之外，他感觉不到任何烦恼，反倒为自己与他人的相似而感到沾沾自喜，心安理得。一个真正谦逊的人则会试图评估自己的特殊价值，努力发现自己可能拥有的这种或那种才能，或者任何一方面的特长——尽管他可能最终发现自己并没有什么非凡的禀赋，资质平平，但他永远也不会认为自己是一个大众人。

每当人们说起"少数精英"（select minorities）时，不怀好意者通常会歪曲这一称呼的含义，而对如下的事实视而不见：少数精英并不是指那些自以为高人一等的人，而是指那些对自己提出更高要求的人，哪怕这些要求是他自己所无法实现的。无疑可以对人类做出最基本的划分，即把人分为两种类型：一种人对自己提出严格的要求，并赋予自己重大的责任和使命；另一种人则放任自流——尤其是对自己。在后一种类型的人看来，生活总是处在既定的状态之中，没有必要做出任何改善的努力——他们就像水流中漂动的浮标，游移不定，随遇而安。

这让我想起传统的佛教，它由两个截然不同的教派构成，一种较为苛刻与困难，另一种则较为宽松与安适：大乘佛教是"大轮回"（great vehicle）、"大道"（great path），小乘佛教是"小轮回"（lesser vehicle）、"小道"（lesser path）。[6]关键性的区别在于我们在生活中选择此道还是彼道，对自己提出一个最高的要求还是只坚持一个最低的标准。

因此，社会区分为大众和少数精英并不是社会阶级的划分，而是两类人的划分，不可将这种区分与基于阶级出身的"上层"阶级和"下层"阶级的划分混为一谈。当然，很明显在上层阶级中——只要他们能真正取得并保持这种地位——更有可能发现那种选择"大道"的人，而下层阶级则通常由品行较差的个人组成。但严格说来，在这两个社会阶级中都存在大众与真正的精英之分。正如我们将要看到的，我们这个时代的特征之一就是：即使在传统的精英群体中，往往也充斥着大众人和粗俗鄙陋的庸人；甚至在本质上要求某种资质并以之为前提的智识生活中，我们也会注意到"伪知识分子"（pseudo-intellectual）的势力正在逐步上升，所谓伪知识分子是指那些不合格的、低劣的以及依照智力标准来看不具备此种资格的人。在那些硕果仅存的"贵族"群体——无论性别如何——中，情况同样也是如此。另一方面，在以前可能被视为"大众"之典型的工人阶级中，今天也不难发现高贵的、严于律己的心智。[7]

此外，在任何一个社会中都存在着一些按其本质来说需要资质限制的活动：高度多样化的秩序在其活动与功能上是极为特殊的，没有非凡的天赋是实现不了的，比如说某些艺术和审美的活动、政府的功能以及公共事务中的政治判断，等等。以前，这些特殊的活动掌握在具备了相应资格的少数人手里，或者至少掌握在那些声称自己拥有此类资格的人手里。大众并不打算干预这些人：他们颇有自知之明，知道自己如果想这样干，首先就必须获得某些特殊的技能，就必须脱离大众；他们很清楚自己在一个有序的、动态的社会体系中所扮演的角色，而各安其位。

现在，如若我们回到本文开始时所揭示的现象上来，就会很明显地看到大众在态度上开始发生转变的征兆。所有这一切都表明，"公众"（the "public"），也就是大众，[8]已经决定登上社会生活的前台，攫取地位，使用设备，享受迄今为止只为少数人所保留的乐趣。这些位置显然从未为大多数人而设计，因为它们数量有限，而大众的人口又在持续不断地增长。所以，呈现在我们眼前的是这样一个以再清晰不过的方式所展示的崭新现象：大众，不断聚集的大众，正在日益取代少数精英。

今天有更多的人可以在更大程度上享受生活，对于这一点，我相信没有谁会感到遗憾，因为他们现在不但产生了这样的欲望，而且也具备了满足这些欲望的种种手段。然而，这一事实之下潜藏着灾难，那就是大众决心僭取那些只适合于少数精英的活动，它不仅仅限于（也不可能仅仅限于）享乐方面，相反，僭越已经成为我们这个时代的一般特征。因此（预测一下我们以后将会看到什么）在我看来，最近发生的政治变革全然意味着大众对政治生活的支配。传统的民主政治由于自由主义和对法律的习惯性遵从这两味药剂的作用而得到缓解，由于这些原则的存在，个人把自己限制在严格的纪律范围之内。少数人能够在自由主义原则与法治的庇护之下行动自如，民主与法律——法律之下的共同生活——的含义是一致的。然而，今天我们正在目睹一场"超级民主"（hyperdemocracy）的胜利，在这种民主当中，大众无视一切法律，直接采取行动，借助物质上的力量把自己的欲望和喜好强加给社会。有人认为大众已经开始厌倦政治，并且已经将政治运作拱手让给了专业人士，这样来解释当前的新形势无疑是一个错误，真实的情况恰恰相反。

那种情况在过去确实发生过，那是一种自由主义的民主。那时候，大众还把如下一点看成是理所当然的，即尽管少数精英自有其弱点和缺陷，但毕竟这些精英比起他们自己来，对政治问题要有更多的了解。而如今，大众相信它有权利强制推行自己坐在咖啡馆里炮制出来的那些奇思怪想，并赋予其法律的力量。我怀疑历史上还没有哪个时期的大众比我们这个时代的大众更加直接地统治，这就是我把它称之为超级民主的原因。[9]

同样的情况也出现在生活的其他领域中，尤其是在知识领域中。或许我对这个问题的看法是错误的，但今天的作家在他提笔着手处理一个他素有研究的主题时，首先得考虑的就是那些对这一问题一无所知的普通读者；并且他总得想到这样一个读者，其读书的目的根本就不是为了从他这里学到点什么，而是要对作者的思想是否与自己大脑中已经存在的陈词滥调相一致做出判断。如果构成大众的个人认为自己有什么特殊资质的话，那么这纯粹属于个人的错误，而非社会学通则的颠覆（a sociological subversion）。**我们这个时代的典型特征就是，平庸的心智尽管知道自己是平庸的，却理直气壮地要求平庸的权利，并把它强加于自己触角所及的一切地方。**[10] 正如有人所说的，在美国"卓尔不群是不得体的事情"，大众把一切与众不同的、优秀的、个人的、合格的以及精华的事物打翻在地，踩在脚下；任何一个与其他所有人都不相像的人，没有像其他所有人一样考虑问题的人，都面临着被淘汰出局的危险。当然，"所有人"并不是指所有的人、每一个人。"所有人"通常是指大众和那些特立独行的少数人的复杂组合，然而，现在，"所有人"就仅仅是指大众。[11] 这就是当前我们所面临的让人望而生畏的现实，其野蛮特征一览无余。

注释

1 80年代英译本在编者注中指出,虽然奥尔特加在原文中用的是"欧洲"一词,但很显然他实际上考虑的是整个"西方",所以在大多数地方都改译为"西方";中译本从原文。

2 "mass(masses)",亦可翻译为"群众"(如蔡英文的中译本),但考虑到"群众"一词在汉语中的含义已经高度政治化,与作者的原意不相吻合,所以我们一般将"mass(masses)"译为"大众","mass-man"则译为"大众人",个别地方根据行文需要也译作"群众"。此外,原文多将"mass"作为单数使用,我们为了照顾汉语习惯,有时也当复数使用。

3 猫头鹰是智慧女神密涅瓦(雅典娜)的象征。

4 非国教徒(nonconformists),又译"不服从国教派",泛指英格兰和威尔士所有不信奉圣公会(英国国教)的基督教派;在苏格兰则是指除长老会之外的一切教派。

5 马拉美(Stéphane Mallarmé,1842—1898),法国象征派诗人。

6 大乘佛教(the Mahayana),佛教的主要流派之一,教导人们要关心社会,普度众生;小乘佛教(the Hinayana),佛教中较为保守的一个小宗派,认为通过自律斋戒就可达到涅槃。

7 正如80年代英译本的编者在尾注中指出的,奥尔特加对精英/大众的划分同尼采对主人/奴隶的划分一样,存在于社会各个阶层之中。

8 "公众"与"大众"的区分不妨参见加拿大著名媒介理论家马歇尔·麦克卢汉(Marshall McLuhan,1911—1980)的说法:"印刷技术产生公众,而电子技术则产生大众"[《媒体即讯息》(*The Medium is the Message*),1967年]。

9 奥尔特加在《没有主心骨的西班牙》中对自由主义与民主的关系做过这样的论述:"自由主义和民主纯属偶然而成了两种状态,开始时两者毫不相干,但是就当下的趋势而言,结果却在含义上成了彼此敌对的状态。民主和自由主义乃是对两个完全不同的问题的两种回答。民主所回答的是这样一个问题——'谁应当来行使公共权力?'它所给出的回答是——'公共权力的行使,属于全体公民'。但是,这个问题并未论及何者应为公共权力的范围。它所关注的只是决定这种权力属于谁的问题。民主所主张的乃是一种全民统治;亦即是说,我们乃是一切社会行动的最高主权者。从另一个角度说,自由主义所回答的则是另一个问题——'不论是谁行使这种公共权力,这种权力的限度应当为何?'它所给出的回答是——'不论这种公共权力是由独裁者行使,还是由人民行使,这种权力都不是一种绝对的权力:个人拥有着高于并超越于国家干预的权利'"。(转引自哈耶克:《自由秩序原理》,上册,第 352—353 页,邓正来译,三联书店,1997 年)

10 凡原文中以斜体字形式印刷的部分,译文中一律以加粗字体出现;不过,两个英译本的斜体部分并不完全一致,译文以 30 年代英译本为准,个别地方略做了调整。

11 80 年代英译本的编者在尾注中提到,法国存在主义先驱加布里埃尔·马赛尔(Gabriel Marcel,1889—1973)认为,奥尔特加的这一句话是"对我们当前这个世界所患病症做出的最睿智的诊断之一"[《大众社会中的人》(*Man against Mass Society*),1952 年]。

第二章

历史水平线的上升

这就是我们这个时代所面临的难以克服的事实,我们在描述它时丝毫没有隐瞒它所表现出来的野蛮特征,而且,这一现象在我们现代文明的历史上是前所未有的,在现代文明的演进过程中,从未发生过类似的现象。如果我们想找到与它相似的历史事件,我们就得跳出现代历史的圈子,而置身于一个与我们全然不同的环境中:我们将不得不深入到古代世界中去,直至其衰落的那一刻为止。罗马帝国的历史同时也是一部颠覆史,一部大众帝国的上升史,一部大众逐渐同化并罢黜统治精英、自己取而代之的历史,因此,在罗马帝国也出现过类似的群集现象(crowding)与凝聚现象,其结果诚如奥斯瓦尔德·斯宾格勒[1]已经敏锐观察到的,罗马时代大型建筑物的建造是必要的,就像我们今天一样。大众时代是崇尚宏伟壮观的时代。*

因此，我们生活在大众的野蛮统治之下。更精确地说，我已经两次把这种统治称作是"野蛮的"了，并且我们正在把平庸当作上帝一样顶礼膜拜。有这样的门票在手，我们现在就可以自由地进入剧场，坐在里面观看表演了。[2] 有人可能会认为我对这一现象的描述已经够充分的了，但在我自己看来，就算上面的描述是准确的，却也相当地浮光掠影，它仅仅是从过去的立场来看这一可怕的事实所呈现出的一些表象和某个方面。如果我就此打住，草草地结束本文，那么，读者必定会——完全恰当地——认为大众的这场令人难以置信的反叛，或者说大众在历史舞台上的登场，仅仅激发了我的一些任性而又轻蔑的言辞，引起我某种程度的厌嫌与憎恶。尤其是众所周知，我对历史持有一种极其贵族化的解释†，这

---

* 这一过程的悲剧性在于，当凝聚现象在城市中形成时，农村的人口随即开始减少，这就导致了帝国内总人口的绝对下降。——若无特殊说明，本书页下注均为作者原注，下同。

† 参见《没有主心骨的西班牙》(1921)，在这本书出版之前，它的内容已经以一系列的文章形式发表在《太阳报》上。(对那些对我的著作不吝做出慷慨评论，却经常难以确定其最初出版时间的外国读者来说，指出如下一点是必要的，那就是我几乎所有的著作都曾以报纸文章这一恰当的形式发表过，其中大部分直到多年以后才结集出版。)(30年代英译本没有这个脚注，现根据80年代英译本译出。——译注)

样一来,这种看法就会变得更加显明。我的观点有些极端,因为尽管我从未说过人类社会**应该**是贵族制的,但我实际上却走得更远,我过去认为,现在仍然认为——并且坚持这一观点的信念与日俱增:不管人们愿意与否,人类社会按其本质来说,**就是**贵族制的;甚至可以这样说:只有当它是贵族制的时候,它才真正成其为一个社会;当它不是贵族制的时候,它根本就算不上一个社会。当然,我这里说的是社会,而不是国家。我们确实无法想象,面对这样一个人潮涌动的大众世界,恰当的贵族式反应竟是像一个凡尔赛的体面绅士[3]那样,摆出一副嗤之以鼻的样子。凡尔赛式的故作姿态非但不能代表贵族制,反而只能象征着一种高尚的贵族制的瓦解与终结。所以,真正的贵族气质在这些人身上的唯一残余就是他们在走向断头台、引颈就戮时表现出来的优雅与尊严,他们接受死亡就像赘瘤接受外科医生的手术刀一样。不,对于任何一个具有真正的、深刻的贵族使命感的人来说,大众现象会使他激动不已,犹如雕刻家见到一块混沌未凿的大理石一般。真正的社会贵族与一小撮以社会的名义自居、称自己为"社会"的人不可同日而语,那些人只知道一味地互相吹捧。由于世界上的每一个人都有其优点和作用,所以,这一小部分优雅之士或者说"高贵人士的小圈子",在这个广袤的世界中自有其立足之地。

不过，他们的作用是微不足道、无关紧要的，根本无法与真正的贵族所肩负的艰巨使命相提并论。我无意反对对这一"高贵世界"的内在意义进行探讨，即使从表面看它是毫无意义可言的；但不要忘记我们现在的考察对象是一个更大范围内的问题。不过，我们发现就连这个"与众不同的圈子"现在也加入了时代的合唱。我的这一思想受益于一位洋溢着青春活力与现代气息的年轻女士，她是马德里"高贵世界"中的一位一流明星，她曾经对我说："我从不出席一场少于800人参加的舞会。"这一说法使我感到大众的风格已经占领了现代生活的每一个角落，甚至已经侵蚀到那些迄今只为"幸运的少数几个人"[4]所保留的最后领地。

有些人在解释我们这个时代时，没有看到大众的现实统治背后隐含着积极的意义；另一些人则满怀喜悦地接纳这一现象，丝毫没有忧惧的神态。诸如此类的解释或态度，我都拒绝加以接受。因为每一种命运都是戏剧性的，并在其最深刻的意义上都是悲剧性的。时代的危机就在我们手中悸动，任何一个人，只要他还没有感受到这种危机，那么他就还没有洞悉命运的玄机，他所认识的只是一些皮毛而已。在我们这个时代，命运中隐匿的可怕因素在于大众压倒一切的、猛烈的道德反叛；同所有的命运一样，这一现象是无往不胜、在所难免的，但也是暧昧不明的。它在把我们引向何方呢？它是一场无可挽回的灾难，抑或可能会变成一件好事？它是一个庞然大物，它像一个巨人、像一个硕大无朋的问号耸立于我们的时代之上；它没有固定的形态，让人难以捉摸，它既像一个断头台或绞刑架，但同时也像一座凯旋门。

我们必须详加考察的现象可能会沿着两个方向发展：首先，今天大众在社会生活中所发挥的作用与过去只为少数精英人物所独占的作用并无二致；其次，大众与此同时已经开始变得难以驾驭、桀骜不驯，他们不再顺从、追随、尊重那些天然的精英：他们把这些精英推到一边，取而代之。

首先让我们来分析第一个方向。在这一维度上，我认为大众已经能够享受和使用由少数精英所发明的、因而先前也就为其所独享的乐趣与设施。现在，大众已经产生了以前被视为奢侈的嗜好与欲求，因为它们从前只是少数人的特权。这里有一个琐屑的事例：在1820年的时候，整个巴黎不会超过十所私人住宅带有小间浴室（参见《德布瓦涅伯爵夫人回忆录》[5]），然而，今天大众事实上已经配备并熟练地掌握了许多先前只有特殊的个人才能获得和享有的设施与技术。

况且，这并不仅仅是指他们已经拥有了物质技术上的便利，更为重要的是他们也拥有了社会和法律上的便利。在 18 世纪的时候，某些少数精英群体发现，每一个人只要一出生，无须任何特殊资格限制，就自然地拥有某些基本的政治权利，也就是所谓的人权和公民权。而且，严格说来，这些权利是所有人共同拥有的，并且是他们唯一的权利，其他任何一种权利都是与特殊的才能和天赋相联系的，因而也就被指斥为特权。最初，这纯粹只是一个理论、一条法则，少数人的一种构想；然而，后来却有那么几个人开始把这一想法付诸实践，强制推行并一再地坚持——如此一来，他们自己就成了"最好的"精英。然而，在整个 19 世纪期间，大众虽然已经开始逐渐把这些权利当作一种崇高的理想并对其产生了极大的热情，但他们从未把它们当作真正的权利来看，他们没有奢望行使这些权利，也没有打算大张旗鼓地推行它们；事实上，虽然生活在民主立法的时代里，他们依然感到自己仿佛生活在旧制度之下。"人民"——那时候人们这样称呼大众——虽然已经认识到自己拥有最高的主权，但他们毕竟还不敢确信这一点。然而，如今这一理想变成了现实：它不仅存在于作为公共生活之外部框架的立法活动中，而且深入到每一个人的内心，无论他持有什么样的思想观念，哪怕他是一个思想上的保守派——也就是说，即使在他谴责、攻击由这些权利所孕育的制度时，他对这些权利本身也还是认可的。在我看来，无论是谁，只要他还没有领会大众的这一奇特的道德状态，那么他对今天世界上正在发生的事情就是一无所知的。个人拥有的没有任何特殊条件限制的主权，或者说任何人都可以掌握的至高无上的权力，已经由昔日的法理学观念或理想变成了一种扎根于普通人心目中的心理状态。请大家注意：当从前的理想变为现实不可分割的一部分时，它就必然不再是一种理想了，理想所具有的天然魅力因此也就消失殆尽。源自充分民主之理想的平均主义要求已经由灵感和热切的渴望变成了欲望和无意识的假定。

因此，对人权的这种宣示，其意义不就在于提升人类的灵魂，使之摆脱内心的奴役状态，并给它们注入一种明确的自主和自尊意识吗？既然如此，让普通人也能感到自己就是自己及其生活的主宰和支配者，不正是他们所想望的吗？好了，现在这一切都已经如愿以偿了，那么，近些年来自由主义者、民主主义者以及进步主义者的抱怨又从何而来呢？或许，他们就像小孩一样，想得到某个东西，但那只是一时兴起，他对其结果实际上并不感兴趣。你不就是想让一般人也成为主人吗？那么，为什么你会对此感到惊恐不安呢：每一个人都自己做出决定；他为人处事都是为了自己；他想得到各种各样的好处和享乐；他坚定地声明自己的意志；他拒绝任何帮助；

他不再服从于任何人；他自己照顾自己的身体，打发自己的闲暇；他自己配备用具，料理衣着打扮。所有这一切不都是自主意识的永久性特征吗？今天，我们发现这些特性出现在普通人身上，出现在大众身上。

总之，现在是这样一种情况：今天普通大众的生活栩栩如生地再现了先前只能属于少数上层人士的特征。现在，普通人代表着每一个时代的历史活动领域，普通人之于历史一如水平线之于地理学。所以，如果现在的平均水准已经达到了一个过去只有贵族才能达到的高度，那么这就意味着历史水平线（the historic level）的突然上升——当然是经过长时间的地下酝酿之后——它上升得如此之明显、如此之突然，几乎是在一代人之间一举获得成功。从整体来看，人类的生活已经更上一层楼。比如，在今天的每一个士兵身上多少都能发现军官的潜质，这样的话，简直就可以说现在的军队是由军官组成的。我们现在到处都可以看到：每一个人终其一生都在以一种自由而简易的风格，运用自己的精力和坚毅来追求一切转瞬即逝的快乐和幻想，强制实现他个人的意志。

当前与不久后即将出现的一切事物——不管是好的还是坏的——都根源于历史水平线的普遍上升。这里，一个尚待考察的现象展示在我们面前，那就是：今天普通人的生活水平在以前只能为少数人所达到，这在欧洲是一个新鲜事；但它在美国却是一个自然的、"生来就有的"现象。为了更好地理解我的观点，读者可以考虑一下法律面前人人平等的意识问题。在欧洲，只有那些优异显赫的群体才会感到自己是自己的主宰，并且认为在法律面前自己与其他任何人一律平等；而在美国，自18世纪以来（因此，实际上可以说从一开始）这一直就被认为是理所当然的。另一个更加凑巧、更加容易引起人们揣度的现象则是：当欧洲的普通人开始产生这种心理状态时，当普通人的生活水平开始上升时，欧洲人的生活方式与品质在各个领域中都呈现出焕然一新的面貌。这让许多人感叹道："欧洲正在日益美国化。"不过，以这种口气说话的人并没有认识到这一现象的重要性，他们仅仅把它看成是一个习俗上的细微变化，一个时尚问题；他们被事物的外表所迷惑，他们把它归因于美国对欧洲的某些影响或者其他什么。在我看来，这就把一个相当微妙、惊人、深刻的问题给简单化了。

如果我要故作慷慨和殷勤，那么我可能会违心地告诉我们大洋彼岸的兄弟说，欧洲的确已经美国化了，这完全是美国对欧洲的影响力所致。但是，殷勤敌不过真理，欧洲实际上并没有被美国化，美国对欧洲的影响并没有我们想象得那么大。或许这一切才刚刚开始，但它并非不久前播的种，现如今开的花。我们正陷入一片可怕的淤积了错误观念的泥淖之中，美国人和欧洲人都沉溺其中，以至于对真理视而不见。在欧洲，大众的胜利以及随之而来的生活水平的急剧上升自有其内部的原因：那是两个世纪以来大众教育普及以及同期社会经济发展的结果。这一切发生的是如此之巧合，以至它与美国生活中最显著的特征相差无几。欧洲一般民众的道德状况与美国民众道德状况的这种吻合，使得欧洲人第一次理解了美国人的生活方式。在此之前，美国人的生活方式在欧洲人的心目中一直是个不解之谜。因此，这不是一个什么影响力的问题，而是一个水平化的问题：前者让人多少感到有些不可思议，因为它与其说是影响（influence），还不如说是再影响（refluence）；而后者虽然出乎我们的意料，却很容易理解。欧洲人通常朦朦胧胧地认为，美国人的一般生活水平比旧大陆要高出许多。正是这一对事物表象的直觉，或者说是未经分析的信念衍生出了一个被普遍接受的、从未受到过质疑的观念，即人类未来的希望在美国。不久我们就会明白，这样一个广为接受的、根深蒂固的观念是经不起检验的，就像人们所说的，在空气中生长的兰花是浮游无根的。这一想法的根源在于人们看到了美国普通人的生活水平要高于欧洲，但相比之下，就上层精英的生活水平而言，美国比欧洲要低。历史犹如农艺，其养料来自河谷而不是高原；来自普通人的社会水准而非显赫者。

我们生活在一个平均化的时代（a levelling period）里，在这个时代里，财产收入被平均化了，文化均匀地分布于社会各阶层之间，甚至在性别上也平等了。而且，大陆与大陆之间同样也趋于平等，尽管欧洲大陆曾在活力上要差一些，但它现在也已经由于经济上的平均化而有所提高。因此，从这一点来看，大众的崛起就意味着生命可能性（vital possibilities）的惊人增加，这与我们常常听到的关于欧洲衰落的说法有天壤之别。"欧洲的衰落"是一个含糊而拙劣的措辞，因为它没有说清楚我们所谈论的是欧洲的国家呢，还是欧洲的文化，抑或是隐藏于二者背后的极具重要性的"欧洲的活力"（the vital activity of Europe）。

关于欧洲的国家与文化，我们后面还要提到，尽管我们可能对此谈的已经够多了；但就欧洲的活力而言，有必要指出的是：当我们说欧洲在衰落时，我们就已经犯下了一个重大的错误。可能换一种说法，我的看法就更加有说服力了，或者起码说不会显得危言耸听，那就是我可以断言：与30年前相比，今天普通的意大利人、西班牙人或者德国人在生机活力上与北美人或阿根廷人相比，几乎没有多少差别。这一基本事实是美国人应当牢记在心的。

注释

1 斯宾格勒（Oswald Spengler，1880—1936），德国历史学家，历史形态学的创始人，主要著作为《西方的没落》（1918—1922），该书曾对奥尔特加的思想产生过较大影响。
2 这里奥尔特加用了一个譬喻，意指在简单的分析之后，可以直入主题了。
3 从下文来看，所谓凡尔赛的绅士应该是指法国大革命中的贵族。
4 80年代英译本的编者在尾注中指出奥尔特加原文用的是英文"the happy few"，语出莎士比亚《亨利五世》第四幕，第三场："我们是少数几个人/幸运的少数几个人/我们，是一支兄弟的队伍/因为，今天他跟我一起流着血/他就是我的好兄弟"（这里采用的是人民文学出版社《莎士比亚全集》中方平的译文）。
5 德布瓦涅伯爵夫人（Comtesse de Boigne，1781—1866），19世纪早期巴黎一家著名沙龙的女主人。

第三章

时代的高度

大众的统治标志着历史水平线的全面上升,预示着今天普通人的生活已经达到了一个比过去更高的水平,这确实是它值得赞许的一个方面。这项进步还向我们表明了这样一个事实,那就是不同时代的生活可以达到不同的高度;当人们说起"我们时代的高度"(the height of our times)时,通常忽略了这一短语中暗含的深刻意义。因此,我们最好在这里略做停留与思考,以便充分地运用这一说法来揭橥我们这个时代中最令人惊异的一项特征。

譬如说,常听人说这个或那个事物与时代的高度不堪相称。事实上,时间总得有某种标度或水准,每一个时代的人所说的"我们的时代",并不是指年代学上纯粹的、抽象的时间,而是指生命时间(vital time)、"我们的时代"。它通常代表了一种标度:今天比昨天升高了,或是保持在同一水平,或是比昨天低落了。"衰弱"这一字眼里包含着低落的意思,其根源就在于对生命时间之直觉。同样,每一个人或多或少都能感觉到自己的生活与他所处时代的高度之间的关系。有些人可能会感到自己在现实生活的展现中,在时代的涡流中,犹如一个遭遇海难的人,沉浮不定。现代生活的节奏之快,事物进展的速度与动力之迅捷和强劲,无一不使那些具有古典倾向的人感到切肤之痛,他们的焦灼不安来自他们自己的脉搏与时代脉搏之间的落差和失衡;另一方面,那些与现实模式完全融为一体,并感到安然自得的人,则能意识到我们的时代和逝去的各个时代在时间标度上的联系。那么,这一联系到底是什么呢?

总有些人认为以往时代的历史水平线要低于自己的时代,仅仅是因为它们已经过去了。但如果以为每一个时代的人都持这种看法,那就是一个错误,只要想起诗人豪尔赫·曼里克就足以说明问题,这位诗人似乎认为,"一切消逝的光阴都是美妙无比的"。[1]然而,这一说法同样是不正确的,既不是每一个时代都感到自己不如过去的时代,也不是所有的时代都相信自己比任何时代都优越。历史上的各个时代对于生命力的高度(the vital altitude)这一奇怪现象所表露的情感和反应各不相同,同时也让我感到不解的是,对这一显明而重要的事实,思想家与历史学家们竟从未加以关注。

大致说来,豪尔赫·曼里克所流露的情感是过去时代中最为普遍的反应,历史上的大多数时代都不认为自己比前面的时代高超优越。相反,更为常见的是,人们梦想着在遥远的过去存在一个更加美好的时代,一种更加充盈富饶的生活;犹如古希腊人和罗马人所称道的"黄金时代"以及澳大利亚土著神话中流传的"埃尔契加"(Alcheringa,即梦幻般的时代)。它表明这些人感到他们自己的生命之脉缺乏充沛的活力,无法全然疏导、贯通自己的血管。由于这个原因,他们对过去充满敬意,对"古典"时代无限向往,过去的生活似乎比现在更加充盈、更加多姿多彩、更加完美,也更加奋发有为。当他们回首眷顾过去的时代并自作多情地赋予它们更多价值的时候,他们显然不认为自己已经超越了过去,而是觉得自己衰败没落了,这就好比温度计的指数——假定它也有意识的话——它不会感到自己体内有较高的温度,它感到的只是任何较高的温度都必然包含比它自身体内更多的热量。从公元150年开始,罗马帝国境内就日渐蔓延这种生命力萎缩、地位式微、脉搏歇弱乃至停息的感觉。贺拉斯不是早就咏叹道:

岁月啊,你是何等残酷无情!

> 我们的父辈，惨淡于我们的祖父辈，
> 他们留下了更为不幸的我们。
> 难道你还要让我们生育出更加堕落邪恶的后裔？[2]

两个世纪以后，整个帝国境内竟找不到足够的意大利出身的勇士来充任百夫长（the centurions）之职，最后只得从达尔马提亚人（Dalmatians）中招募健勇之士来担当此职，再后来又从多瑙河流域与莱茵河流域征募野蛮人。与此同时，罗马妇女的生育能力不断下降，导致意大利人口开始减少。

现在让我们来看一看另一个时代，这一时代的人充满生机与活力，看起来与我们上面提到的时代有天壤之别，这里有一个非常奇特而重要的现象值得我们详加考察和说明。大约30年前，反对派的政治家们习惯于在群众面前发表冗长的演说，对政府的政策和措施横加指责，说长道短：这样的政策与一个进步开明的时代是不相称的。令人啧啧称奇的是，我们发现图拉真在写给普林尼的那封著名的信函中采用了同样的措辞，他在信中劝告普林尼不要根据匿名的指控迫害基督徒，因为这不能 nec nostri saeculi est［与我们的时代精神保持一致］。[3] 所以，历史上有许多不同的时代都自认为已经达到一个完满、极限的高度，在这些阶段里人们以为漫长的旅程已经走到尽头，期盼已久的目标终于达到，希望完全得以实现。这是"时代的完美尺度"(the plenitude of the time)，是历史生命的圆熟。事实上，30年前欧洲人就已经相信人类的生活已经达到它所应该达到的水平，实现了以前数代人所渴望实现的目标，自此以后，人类的生活再也跳不出这一范围。这些完美的时代总是把自己看作是其他诸多时代累积的结果，那些作为预备期的时代缺乏充盈的内涵，与当前相比黯然失色，它们达致极点才出现目前的辉煌灿烂。从这一高度俯视那些预备时期，似乎给人以这样的印象：那时候的生活纯粹就是一种渴望和无法满足的欲望，一组海市蜃楼般的幻觉；到处是急切的开拓者，"百业待兴"；置身其间的人们，处在确定的热望与无法对此做出回应的现实这二者的张力之下，痛苦不堪。19世纪的人们就是这样看待中世纪和他们自己那个时代的。光辉灿烂的日子终于到来了，古老而久远的欲望看来终于满足了，现实接受并容纳了热望。我们上升至想望已久的高度，实现了渴慕多时的目标，臻于时代的巅峰，"百业待兴"让位于"大功告成"。

这就是我们的先辈们在整个19世纪对他们的时代所持的看法。切勿忘记：我们的时代紧随着一个自认为充盈的时代而来，因此，一个生活于时代彼岸的人，一个生活在充盈时代刚刚结束的人，将不可避免地从自己的立场来观察一切事物，他要承受一种视觉幻象的折磨：他会认为我们的时代是充盈时代的堕落，是一个没落的时代。但作为一个长期从事历史研究的学者，他感受着时代脉搏的跳动，绝不应该为这一建立在对充盈时代的想象基础之上的视觉幻象所迷惑。正如我已经说过的，这样一个"充盈时代"是一个渴慕已久的愿望的了结，它带着焦虑与热望，延亘了若干个世纪，最终才得以实现。所以，充盈富足的时代事实上是志得意满的时代。偶尔，像在19世纪一样，这样的时代对自己非常满意。* 现在我们已经开始逐渐认识到，尽管这些时代看起来是如此的踌躇满志，如此的完美圆熟，事实上它在内部已经开始衰竭。真正的、充满生机的完善与圆满并不在于自我满足、有所成就或者实现目标，正如塞万提斯早就说过的："路途上的奔波劳顿总是赛过小旅馆里的安

---

* 在为哈德良（Hadrian，76—138，罗马帝国皇帝，在位时间为117—138年。——译注）铸造的钱币上，我们可以看到如下的字样：得天命的意大利，黄金的世代，稳固的大地之母，时代的幸福之运（Italia Felix, Saeculum aureum, Tellus stabilita, Temporum felicitas）。参见科恩（Cohen）对古代币制的卓越研究；此外还可参见罗斯托夫采夫（Mishael Ivanovich Rostovtzeff，1870—1952，俄罗斯著名历史学家，著有《古代世界史》等。——译注）的《罗马帝国经济社会史》（*The Social and Economic History of the Roman Empire*，1926）插图LII以及第588页注6。

逸闲适。"任何一个时代一旦对自己的欲望和理想心满意足，那么这就意味着它不再有任何渴求了，它的灵感之源已经枯竭，也就是说，我们引以为豪的充盈富足实际上已经走向终结。许多因自我满足而衰亡的时代就是因为不知道如何再生其欲望的结果，犹如快乐的雄蜂在经历了婚礼的狂喜之后走向死亡一样。*

因此，我们可以发现一项令人惊异的事实，那就是所谓志得意满的时代在其深层意识上往往会产生一种非常特殊的悲剧感。似乎在19世纪才最终实现的、酝酿已久的热望自冠其名曰："现代文化"（modern culture），这一名称是令人不安的：它自称是"现代的"，也就是说，它是终极的、确定不移的，相比之下其他的时代都是过去的，都是谦卑地导向当下的预备与动力，劲道不足的箭矢当然无法命中标的！†

---

* 黑格尔在他的《历史哲学》（*Philosophy of History*）中对志得意满的时代有精彩的论述，读者可自行参阅。
† "现代""现代性"（modern, modernity）这些词的最初含义恰恰就是用来指达致"时代高度"的感觉，也就是我这里正在分析的观念，然而，它们却被当前的时代拿来为自己冠名。"摩登"是"合乎潮流"的事物，也就是新的风尚或修正，它们在现时代应运而生，与过去旧的传统风尚针锋相对。因此，"现代"一词表达了这样的意识：新的生活优越于旧的生活，同时它也是一项要求达致时代高度的诫命。在一个"现代"人眼里，不再"摩登"就意味着跌落至历史水平线之下。

这里，我们不是正在探触我们的时代与刚刚逝去的时代之间的本质区别吗？我们的时代实际上不再把自己看作确定不移的了，相反，它在其深层的直觉中已经朦胧地发现，并不存在这样一个确定不移的、安如磐石的时代；恰恰相反，宣称某种类型的生活方式——即使是所谓的"现代文化"——是确定不移的，这在我们看来似乎是一种令人难以置信的褊狭，近乎坐井观天的蛙见。一旦意识到这一点，我们就会产生这样一种愉快之至的感觉，仿佛是刚刚逃离了一个密封严实的樊笼，重新获得自由，在星光照耀下再度走向开放的现实世界。这是一个深奥的、可畏的、无穷无尽的、无法预测的世界，在这里一切都是可能的，不论是最好的，还是最坏的。现代文化的信仰是一种让人抑郁的信仰，它意味着明天与今天在本质上毫无区别，所谓进步只是沿着我们脚下的同一条道路一步一步地走下去。这条道路毋宁是一座伸缩自如的牢狱，它可以延伸拓展，但绝不要指望它能让你获得自由。

在罗马帝国早期，当一个富有文化修养的乡巴佬——比如卢坎、塞涅卡之流[4]——来到罗马城，第一次看到作为帝国永恒权力之象征的富丽堂皇的建筑时，他的内心可谓百感交集。这个世界上当然再不会出现什么新鲜事物了，因为罗马城就是永恒的象征。如果说，笼罩在古代废墟之上的郁郁幽思让人想起凝滞的河流上弥漫的酽酽氤氲，那么这些多愁善感的乡巴佬面对那些永恒之象征的建筑所抒发的感伤情怀，也是同样的浓烈阴沉，尽管是出于完全相反的原因。

与这种情感状态恰好相反，我们这个时代的感情更像是一种喧闹，我们不正如同放学回家一路上叽叽喳喳、欢呼雀跃的小学生吗？现在我们已经无法知道明天这个世界上将会发生什么，这使我们产生了一种莫名其妙的窃喜，因为正是这种前途的不确定性，这种视界对一切偶然性的开放以及由此所产生的峰回路转的戏剧效应，构成了真正的生活，构成了我们生存的圆满。

这就是我对我们这个时代的诊断——当然它的另一个方面目前还暂付阙如，它与许多当代作家连篇累牍、悲悲凄凄地哀怨时代的没落形成了鲜明的对比。我们正面临一种视觉上的幻象，它的产生有诸多的原因，我将在另一些场合讨论其中的某些因素，但就目前而言，我们只能先来考察其中最为明显、突出的一个原因，那就是：某些作家囿于这样一种意识形态，它在回顾历史时仅仅着眼于其政治或文化的层面，而没有意识到这些层面只是历史的表象；比它们更深刻、更具决定意义的历史本体在于对生存之欲求的本能力量，在于纯粹的生命活力，在于人所具有的一种类似于宇宙能量的精力。与那种激荡江河、繁殖走兽、催树生花、驱星闪烁之自然伟力相比，这种力量虽说不能等同，却也紧密相关。[5]

针对时代的没落这一悲观主义诊断，我提出如下的建议：衰败没落当然是一个相对的概念，它是指从一个较高的地方跌落至较低的地方。但是，这种比较可以从诸多可想而知，但迥然不同的立场进行。譬如，在琥珀烟斗的制造者看来，这是一个衰败没落的时代，因为今天已经没有多少人还用琥珀烟斗来抽烟了。其他的立场观点或许比这更为正当与高贵，然而，严格说来，与生活本身相比，没有哪一种立场逃脱得了偏颇、专断的指责，而生活的价值构成正是我们力图加以解析的。只有一种立场是合理的、自然的，那就是采取生活自身之立场，从生活的内部考察与反省，看看它能否感觉到自己的衰败没落，也就是说，生活是否能感到自身心力不济、疲惫不堪、生机懈怠。但即使是内部的观照，我们又如何能知道它的自我感觉之衰败与否呢？依我之见，如下的征兆无疑具有决定性意义：如果一种生活并不艳羡其他的生活与以往的时期，那么，它必然对自身的存在推崇备至，这样的生活无论在何种严格意义上都不能说是衰败没落的，就我对时代之高度问题的所有讨论而言，这一点是至关重要的。同时它也证明了我们这个时代所尽情享受的一种非常奇妙的情感状态,据我所知,在人类历史上是独一无二的。

在上一个世纪的琳琅满目的画廊里,这样的情形向来屡见不鲜:附庸风雅的女士们与簇拥在其周围的温良谦恭的文人们总是在谈论如下一个问题:"历史上的哪个时期是你所愿意安居其中的呢?"他们每一个人都会直截了当地开始苦思冥想,神游于历史之路,为自己的生活探求一个最怡然的阶段。它告诉我们,尽管19世纪颇为志得意满,自以为达到了一个充盈富足的阶段,然而,实际上它依旧摆脱不了过去的阴影,它依然站在过去的肩膀之上;它将自己看作过去的累积。因此,它仍然相信自己时代所流行的价值在远近程度不等的古典时代——伯里克利时代、文艺复兴时代——就已经开始发轫酝酿。这一事实足以让我们对这些所谓的充盈富足的时代产生怀疑,它们面向往昔,追忆着直到自己时代才造就完成的过去。

所以,现在如果把这样的问题摆到一个典型的现代人面前,他会做出什么样的如实回答呢?我想,他毫无疑问会说,过去的任何时代,无一例外地让他感到仿佛置身于一个幽闭的空间,令人窒息。也就是说,现代人认为他自己的生活比以往任何一个时代都更像生活,换句话说，就实际人性而言，今天超过了以往所有时代之总和。对于现今生活的这一直觉，其清晰澄明之处昭然若揭，遂使那些运思不慎的关于衰败没落的预言成为天方夜谭。

因此，我们当前的生活从一开始就感到自己比先前所有的时代都要宽宏广阔，它怎么会认为自己在衰败没落呢？事实恰恰相反，由于它自视为更加充分饱满的生活，所以它对过去失去了尊崇与兴趣。于是，我们第一次遇到了一个将一切古典事物视为无物的时代，人们认为过去没有任何东西在今天还值得我们引以为楷模与典范。它给人一种全新的开端、肇始、黎明初至与婴儿甫降般的印象，仿佛它是若干代未经任何断裂之演进的顶峰。当我们回望往昔时，哪怕是声名显赫的文艺复兴时期，在我们的眼里也显得小气十足、索然无味——为什么不径直说它是粗鄙不堪、平庸无奇的呢？

多年以前，我曾这样概括当前的情形："过去与现代之间的豁然断裂是我们这个时代无法挽回的事实，它引发了或多或少有些暧昧的怀疑心态，这一怀疑心态给当代生活带来了不安；我们感到自己突然被遗弃在这个星球上，茫然无助；逝去的人不但在形体上离我们而去，而且在精神上也杳然无迹，他们不再给我们任何帮助；

传统精神的鲁殿灵光也已消失殆尽，残留的规范、模式、标准对我们而言已经全然无用；失去了历史的助力与合作，我们所面临的一切问题，无论是艺术的、科学的，还是政治的，都必须独自解决；现代人孤零零地立于大地之上，再也没有充满生机的幽灵伴其左右；就像彼得·施莱米尔[6]一样，每当正午时刻到来时他就会失去自己的影子。"*

那么，简而言之，"我们时代的高度"到底是什么呢？它不是指时代的充盈富足，而是指它自我感觉到优越于过去所有的时代，超溢出所有已知的富足。想用一个公式化的方法来处理我们这个时代对自己所持有的印象，是困难的；它相信自己优越于其他所有的时代，同时它也感到自己是一个全新的开端，并且对自己不再经历死亡的剧痛而惴惴不安。我们到底怎么来表达这种情感呢？或许可以这么说：这个时代比其他时代优越，却又自觉卑微；它的确是强健有力的，却又对自己的命运把握不定；它对自己的力量引以为豪，却又对此惊惧不已。

---

* 参见笔者的《艺术的去人性化》一书。

注释

1 豪尔赫·曼里克（Jorge Manrique，1440—1479），西班牙诗人，所引诗句出自他最著名的诗作《悼念亡父堂·罗德里戈》（*Coplas por la muerte de su padre Don Rodrigo*，1476）。

2 贺拉斯（Quintus Horatius Flaccus，65BC—8BC），古罗马诗人、讽刺家。该诗句的原文是："damnosa quid non imminuit dies？ aetas parentum pejor avis tulit / nos nequiores，mox daturos / progeniem vitiosiorem"（*Odes*. III. 6）。

3 图拉真（Trajan，53—117），罗马帝国皇帝，在位时间为98—117年；（小）普林尼（Pliny，61或62—113？），古罗马学者，图拉真在位时他曾任地方总督；他们的事迹见吉本《罗马帝国衰亡史》第十六章"罗马皇帝们对待基督徒的态度"第Ⅱ节（《罗马帝国衰亡史》，上册，第325页以次，黄宜思、黄雨石译，商务印书馆，1997年）。

4 卢坎（Lucan，39—65），古罗马时代西班牙出生的诗人；塞涅卡（Seneca，4?BC—65AD），古罗马斯多葛派哲学家、诗人。

5 可以对照尼采的强力意志学说。

6 彼得·施莱米尔（Peter Schlemiel），出生于法国的德国作家沙米索（Adelbert von Chamisso，1781—1838）在小说《彼得·施莱米尔的神奇故事》（1814）中创造的一个人物，他把自己的影子卖给了魔鬼，结果虽然得到了用不完的钱财，却因为没有影子而遇到了意想不到的困难。

第四章

生活的改善

大众的统治、生活水平的提高以及随之而来的时代高度的上升,都只不过是一种更为复杂、更为普遍的现象之征兆罢了。从表面上看,这一现象让人惊诧莫名,难以置信,那就是:在本世纪,这个世界突然之间完成了大幅度的扩张,并由此导致置身其间的人的生活也得到了巨大改善。首先,生活本身实际上已经具有世界化的特征,也就是说,今天普通人的生活内涵已经扩展至整个地球;每一个人都已习惯了将世界作为一个整体生活。早在多年以前,塞维利亚的居民就可以通过阅读报纸,来时刻地关注靠近北极地区的少数人的生活状况,就好像是冰山在安达卢西亚平原炎热如火的背景之映衬下漂流而过一样。[1] 地球的每一个角落再也无法自我封闭于地理或是几何上的位置,出于人类生活的诸多需要,它必然要对其他地区产生影响。根据物理学中的原理，事物的作用力无论在哪里都可以感觉到，今天在地球上的任何一个角落里都可以感受到这种无所不在的影响力。距离的拉近与隔绝状态的消失极大地拓展了每一个人的生存视野。

从时间的角度看，我们这个世界也在扩张。史前时期的研究与考古学已经向我们揭示，人类历史阶段的延亘与连绵也是极为惊人的，那些其恰当的命名至今还在争论不休的文明与帝国的发掘，如同新大陆的发现一样，已经极大地拓宽了我们的知识。带有插图的报章杂志和电影将偏远地区的种种景象生动直观地呈现在大众的眼前。

但是世界的时空绵延与扩展本身并没有任何意义，因为物理意义上的时间与空间恰恰代表着宇宙绝对荒谬的方面。因此，在我们当代人对纯粹速度（mere speed）乐此不疲的崇拜中，肯定要比通常所想象的包含更多的原因。速度是由空间和时间构成的，它并不比其构成要素更有意义，但它可以使时间和空间归于无效，一种荒谬只有通过另一种荒谬来克服。对人类而言，征服毫无意义的宇宙时空是一个事关荣誉的问题。*所以，当我们看到现代人沉

---

* 正因为人的生命时间是有限的，也正因为人终有一死，所以他才需要征服距离与停滞。对于一个不朽的生命来说，汽车是没有任何意义可言的。

溺于纯粹的速度，聊以消除空间、湮灭时间，并从中获得一种童稚般乐趣的时候，委实不必大惊小怪。通过抹杀时空，我们赋予它们以生命的形式，并使之服务于生命的目的：由此，我们可以生活在比以前更为广阔的空间里，可以从更多的熙来攘往中获得享受，可以在有限的生命时间里消耗更多的宇宙时间（cosmic time）。

但是，我们这个世界的大幅度实质性扩张，最终并不在于它那越来越宽广的维度，而在于它包容了越来越多的事物。每一种事物——我们在最宽泛的意义上使用"事物"（things）一词——都是我们可以渴求、想望、使用、取消、遭遇、享受或抵制的，所有这些概念都意味着生命的活力（vital activities）。

以我们日常生活中任何一件事为例，比如说，买东西。让我们来设想一下，有两个人，一个是当代人，一个是18世纪的人，他们拥有相对于他们各自时代同等币值的财富。试比较一下他们各自可供购买的物资储备，我们就会发现其间存在着惊人的差异：供当代购物者选择的可能性范围几乎是没有限制的，市场上的东西可谓应有尽有，没有什么是你不曾想到的，也没有什么是你不曾希望得到的，反过来说，市场上实际出售的这些东西也不可能是你一个人全都能想到的，全都希望得到的。有人可能会提出异议说，由于这两个人拥有相对等值的财富，今天的人不可能比18世纪的人买到更多的东西。但事实并非如此，今天的人确实可以买到更多的东西，因为生产厂家降低了所有物品的价格；而且，就算事实真的如此，它非但不会影响我的论点，反而会加强我所要表达的观点。

当我们决定购买某种物品时，购买活动也就结束了。正是由于这个原因，它首先是一个选择行为，这种选择开始于我们面对市场所提供的诸种可能性。因此，我们可以推论说，就其"购买"方面而言，生活首先存在于此种可能性的反复选择当中。当人们说起生活的时候，他们往往会忘记在我看来是最本质的一点，那就是，无论何时，我们的存在首先是一种意识，亦即对我们来说什么是可能的意识。如果无论什么时候，在我们面前只有一种可能性，那么还把它叫作"可能性"（possibility）就没有任何意义了，它毋宁是一种纯粹的必然性（necessity）。不过，事实却是：我们存在的最基本的一种状态就是，呈现在我们面前的总是各种各样的前景，因为它们是多种多样的，所以，我们的存在获得了可能性的特征，我们必须对这些可能性做出选择。* 说

---

* 在最坏的情况下，如若世界似乎简化为一条出路，也依旧有两种选择：要么是接受这条路，要么是离开这个世界。当然，离开这个世界仍然构成这个世界的一部分，犹如一扇门毕竟还属于一所房间的一部分。

"我们活着",就等于说我们发现自己置身于一个被确定的可能性所包围的背景之中,这一背景我们通常称之为我们的"环境"(circumstances)*,所有的生活都意味着发现自己置身于"环境"之中,或者说发现自己处在世界的包围之中。这是"世界"(world)一词的基本含义,世界是我们生命之诸多可能性的总和,因此,它并不远离于我们的存在,也不陌生于我们的存在,相反,世界是我们存在的实际外围;它象征着我们力量所能及之范围内的一切事物,象征着我们生命的潜能。为了实现这一潜能,它必须简化为具体的事物,换句话说,我们只是我们可能成为的事物之一部分,因此,世界在我们看来是一个庞大无比的事物,我们自己在其中只是沧海一粟而已。我们的世界或者说我们可能的存在(possible existence)总是远远大于我们的命运或我们实际的存在(actual existence)。[2]

然而,我现在所要澄清的是,人类生命在其潜能上

---

* 这一概念首先出现在我的第一本著作《堂·吉诃德沉思录》(1916)的序言中;在《亚特兰蒂斯》(*Las Atlantidas*)一书中它以"地平线"(horizon)一词出现;亦参见我的论文《国家运动的起源》(*El origen deportivo del Estado*,1926),该文收录在《观察者》,第7卷中。

已经达到了何种程度。时至今日，人们可以选择的可能性范围是过去所望尘莫及的。在知识领域，他们现在发现了更多的"思维方法"（paths of ideation）、更多的问题、更多的资料、更多的学科、更多的视角。原始社会中可以从事的职业屈指可数，只有畜牧、狩猎、战斗、占卜这么几种；而今天，可供选择的职业表却可以无限制地列下去。类似的情况也出现在娱乐问题上（这一现象比我们通常所认为的要重要得多），尽管娱乐的项目并不像生活的其他方面那样名目繁多，然而，对于生活在城镇——城镇是现代生活的象征——里的中等阶级来说，享乐的可能性在本世纪已经增加到让人感到不可思议的程度。

但是，生命可能性的增加并不仅仅限于我们到目前为止所说的这些，它同时也在一个更为直接、更为神秘的方面增加与扩展。一个众所周知、持续已久的事实是：今天人类在运动、表演等体质方面的成就已经远远超出了过去所知的程度。仅仅惊愕于特殊个体所取得的成就，钦佩于他所创造的纪录是不够的，我们还应该注意到它们惊人的频率在我们心目中留下的深刻印象，它使我们相信，人类有机体在我们这个时代所拥有的能力优越于先前任何一个时代。同样的情况也发生在科学研究中，短短数十年，科学就将"宇宙的地平线"（the cosmic horizon）拓展到令人难以置信的程度，爱因斯坦的物理学所跨越的空间是如此宽广，以至于相比之下，牛顿的经典物理学在其中只能占据阁楼之一隅。*这种大幅度的扩展得归功于科学在精确性上的提高，爱因斯坦的物理学产生于对毫厘之差的观测，而这种细微的差异在以前是被忽视的，或者被看作是无足轻重的。昨天还被视为世界之最终极限的原子，现在一转眼就膨胀为一个星体般的系统。我提及这些并不是想强调它在完善文化方面的重要性——这暂时还不是我的兴趣所在——而仅仅是想指出这一发展所蕴含的主体潜能的剧增；我也不是在强调爱因斯坦的物理学比牛顿的物理学更精确这一事实，而仅仅是指出爱因斯坦这个人比牛顿更具有精确的推理能力和自由精神†，这就好比今天的拳击高手要比以前的拳击手出拳更加迅捷有力一样。

---

* 牛顿的世界是无限的，但这种无限并不指涉空间尺寸，而是一种空洞的概括，一种抽象的无意义的乌托邦；爱因斯坦的世界则是有限的，但它在各个方面都是丰盈饱满的，因而，这个世界在内容上是充实的，在范围上是极为宽广的。

† 精神的自由，也就是智识能力（intellectual power）是通过它与传统中不可分离之思想观念决裂的能力来衡量的。与思想观念决裂比与之联合更需要精神的自由，一如柯勒（Kohler，1887—1967，德裔心理学家，格式塔学派的主要倡导者。——译注）在他对黑猩猩智力的研究中所揭示的。此前人类的理智力从未像现在这样具有与传统决裂的魄力。

就好像摄像机与各种画报可以把地球上最偏僻地方的图景摆在普通人的眼前一样，报纸和舆论为普通人提供了各种新兴的智力成果，这一点可以由商店橱窗里所展示的最新发明的技术装置来证明，所有这一切都使他对人类的无限潜能印象深刻。

但是，我这么说并不意味着今天人类的生活就较其他时代优越，我所谈论的并不是实际生活的质量，而仅仅是它数量的进步、潜能的增加。我相信自己已经准确地描绘了现代人的意识和他的生命基调（vital tone），它是这样一种感觉，即现代人比以前拥有更大的潜能，以往的任何一个时代与今天相比都显得黯然失色。

如果要回应最近十年来甚嚣尘上的悲观论调，尤其是关于西方没落的断言，那么这种描述就是必要的。回想一下我所提出的论证，它在我看来简单而明了，如果还没有弄清楚到底是什么在朽败，就妄言衰颓、没落，是毫无意义的。这一悲观论调是针对文化而言的吗？那么，欧洲文化在衰落吗？抑或只是欧洲国家组织的衰败？姑且让我们假定它们是事实，难道我们就可以以此断言西方的没落吗？当然不行，因为此种形式的衰败只是历史之次要因素——文化与民族国家——的部分衰弱、减少而已。只有一种衰落和颓败是绝对的：它包含着生命力的衰减，并且只有当人们有这种衰减的感觉时，它才会真正地发生。基于这个理由,我对一种被人们普遍忽视之现象的考察颇为犹豫:每一个时代对自己生活水平的意识或感觉。

这种现象首先引起我们对"充盈富饶"的讨论,这是某些时代在与其他时代相比较时常有的感觉,相反,另一些时代则感到自己在从一种巅峰状态中跌落而下,由古老而辉煌的黄金时代退化不止。正是通过指出这一非常明显的事实,我才由此得出结论:我们这个时代的一大特征就是莫名其妙的自负,觉得自己比过去的一切时代都要优越;更有甚者,它对过去所有的事物不屑一顾,它拒不承认任何古典的或典范的时代(classical or normative epochs),并自视拥有一种前所未有的全新的生活方式,这种生活方式是以前任何一个时代都不可企及的。

我怀疑如果不紧紧把握住这一点,我们的时代能否得到理解,因为这正是我们这个时代的特殊症结:如果它感到自己在衰微颓败,它就会认为其他时代比自己更为优越,这就意味着它将充满钦羡赞慕之情看待过去,并把激励过那些时代的原则奉为至尊,如果是这样的话,我们的时代就会持守某些清晰而坚定的理想,纵使我们根本无法实现它们。但事实恰恰相反,在我们所生活的时代里,人们确信自己拥有巨大无比的创造力,却又不知道应该创造些什么;他们可以主宰一切事物,却又掌握不了自己的命运；他们在自己的充盈富足中茫然不知所措。同过去相比，这一时代掌握了更多的手段、更多的知识、更多的技术，但结果却是重蹈以往最不幸的时代之覆辙：今天的世界依然缺乏根基，漂泊不定。

因此，一种无限潜能意识和一种不安全感的奇妙混合占据着现代人的灵魂，他们的处境恰如人们对路易十五年幼时的摄政[3]所做的评价："他拥有一切才能，就是不知道如何运用它们。"尽管19世纪的人对进步充满了信心，但许多事情在他们看来仍然是不可能的；而在今天，既然一切似乎都是可能的，那么我们就会意识到所有最糟糕的事情也是可能的：退化、野蛮与堕落。*这本身并不是一个坏的征兆。它可能意味着我们再度遭遇不安全感和焦虑感，它们是一切生活的本质，在任何时候它们都既是痛苦的，也是甜蜜的，只要我们知道如何才能把握其内核，直击其跳动的脉搏。然而，我们通常不愿意感受这种可怕的悸动，尽管它构成了我们生活中一种转瞬即逝的真实。我们为了寻求安全感而筋疲力尽，结果导致我们对自己命运的本质展示（the fundamental drama of our destiny）毫无知觉，而

---

* 这是对我们这个时代做出悲观诊断的根源，不是因为我们在退化堕落，而是因为我们倾向于承认一切都是可能的，因而也就无法排除退化堕落的可能。

一味地沉湎于习俗、惯例以及无聊的话题。因此,近三个世纪以来我们首次惊讶地发现自己对前途感到渺茫,但这未尝不是一件好事。

任何一个人只要他对自己的存在采取一种严肃认真的态度,并且能够对它承担起完全的责任,他就必然会产生某种危机感,这使他时刻保持警觉。古罗马军团规定它的哨兵在执行任务时务必保持这样一种姿态:用手指紧贴自己的嘴唇,以驱散睡意,提高警惕。这种姿态自有其价值,它似乎能使周围寂静的深夜显得更加安静,从而可以捕捉即将可能发出的任何隐秘的声响。"充盈富饶"时代的安全感——譬如上一个世纪(19世纪)——是一种视觉上的幻影,它使人忽略了未来,未来的方方面面都被转交给宇宙机制(the mechanism of the universe)。无论是进步自由主义(progressive Liberalism)还是马克思主义的社会主义都假定,它们所欲求的未来就是最好的未来,或者说是最有可能的未来,是必然要实现的未来,此种必然性犹如天文学中天体运行的规律。进步主义者的良知受到了这种观念的误导,他们抛弃了历史之舵,停止了警觉,失去了他们往日的敏捷与效率。于是生活挣脱了他们的羁绊,变得桀骜不驯,直至今日它已经完全失去方向,漂移不定。在十足的未来主义(futurism)面具的掩饰之下,进步主义者们不再真正关心未来；因为他们相信未来既不会发生什么惊人之事，也无任何秘密可言；没有什么事值得去冒险，更不会有根本的变革。他们确信世界现在正步入一条笔直的康庄大道，既无旁逸也无回转；他们抛却了对未来的所有焦虑，巍然地屹立于确定的现在。看到今天的世界漫无目的，毫无期望与理想，我们感到奇怪吗？没有人在乎这些缺失，更不会考虑弥补它们，这一切都得归咎于具有领导能力的少数精英被遗弃、被忽视，这通常是大众的反叛之另一面。

现在是我们回到"大众的反叛"这一主题上来的时候了。在强调了大众之崛起的积极方面之后，就让我们顺着另一个坡面，一个更加危险的坡面侧滑而下吧。

注释

1 塞维利亚（Seville），西班牙西南一城市名；安达卢西亚（Andalusia），西班牙南部地区名，位于地中海、直布罗陀海峡和大西洋交界处，这个地区包括塞维利亚、格拉纳达和科尔多瓦等历史古镇。

2 以上这一段内容，可以看作是奥尔特加最早在《堂·吉诃德沉思录》中所提出的一个命题的展开："我就是我和我的环境"。这是奥尔特加生命哲学的基点，另见本书第五章。

3 法国在1715年至1723年路易十五未成年时由奥尔良公爵菲利普摄政。

第五章

一项统计事实

这篇文章的目的是试图对我们这个时代,对我们的真实生存状态做出诊断,我在本文第一部分中的论证或许可以这样来概括:我们的生活作为诸种可能性的复合体,是恢宏繁盛的,它优越于人类有史以来的其他一切时代。但是,恰恰由于它的范围过于宽广,故而它覆盖并溢出了传统遗留给我们的一切渠道、原则、规范与理想。它较以前所有的时代蕴涵了更多的生活,因而也就更加疑窦重重。它无法从过去获得坐标和方向*,所以,不得不自己掌握自己的命运。

---

* 不过,我们将看到,它毕竟可以从历史中有所获益,纵然不是正面的启迪,也是某种负面的训诫。过去不会告诉我们应该做什么,但它可以告诉我们应该避免什么。

现在，我们必须完成我们的诊断。生活首先意味着对我们来说什么是可能的，所以，它就仿佛是一种选择，即在诸多的可能性中选择我们实际所要成为的样子。环境与抉择，我们所处的环境与我们所做的抉择，是我们生活的两个根本性要素。我们的环境——也就是诸种可能性——是生活强加给我们的一部分，它们构成了我们所说的世界。生活并不能选择自己的世界，从一开始它就只能在一个既定的、无法改变的世界中发现自己：这个世界亦即当下的世界（the world of the present）。我们的世界是即将降临于我们的命运的一部分，但是，这一命运的定数（the vital destiny）并不是一种机械装置。我们被抛入存在，不是像一粒子弹从枪管中射出那样，它的弹道已经被绝对地限定了。我们来到这个世界——往往就是当下的、实际的世界——所承受的命运，与子弹的这种定数恰恰相反：我们被强加的并不是一条轨道，而是多条轨道，因此我们必须做出抉择。我们存在的这一条件是多么令人惊奇啊！去生活就是去感受我们自己**命中注定**要被迫运用我们的自由，决定我们在这个世界要成为什么样子。我们的选择行为一刻也容不得松懈，甚至就在我们绝望之至，只能听天由命的时候，我们实际上也在做出选择，那就是决定不选择。

因此，断言在生活中"环境决定一切"是错误的；

恰恰相反，环境是一种两难的困境，它处在不断地变换与更新之中，我们不得不根据它来做出我们的抉择。事实上，最后起决定作用的正是我们的性格。[1]

这一点同样适用于集体生活：在集体生活中，首先也存在一个诸多可能性的集合，因而也就存在对集体生活的有效形式（the effective form of collective existence）进行选择和决定的问题。这种决定根源于社会的性格，或者换句话说，根源于在社会中占支配地位的那一类人的性格。在我们这个时代，占统治地位的是大众人，因此，做出选择和决定的正是大众。不能简单地说，这就是民主时代、普选时代一开始就发生的现象，在普选制度下，大众并没有做出决定，他们的角色仅仅是服从这个少数群体或那个少数群体所做出的决定。正是这些少数人在上演他们的"节目"（program）——节目，多么贴切的字眼啊。这些节目才是集体生活的真正节目，在这些节目中大众只是被邀请来接受一个已经做出决定的计划。

今天正在发生的事情与此截然不同，如果我们关注一下大众已经取得决定性胜利的那些国家——其中包括地中海国家——里的公共生活，我们就会惊讶地发现，这些国家在政治上正日益大众化，这是一个非同寻常的现象。公共权力落入了大众代表的股掌之中，他们之强大足以摧毁一切可能的反对势力。他们以一种无懈可击的方式行使着权力，人类历史上从未出现过这样一个无所不能的政府。然而，公共权力，亦即他们的政府却又是得过且过：它对未来束手无策，根本提不出任何明确的方案，它也无法成为任何可以理解的发展或演进的肇端。一言以蔽之，它的存在缺乏任何生机勃勃的计划。它不知道自己意欲何往，因为，严格说来，它的运行根本没有任何固定的途径或轨道。当这样一种公共权力试图证明自己的合法性时，它根本用不着参照未来，相反，它寻求现在的庇护，并大言不惭地声称："我是一个不同寻常的政府，是为环境所迫的政府。"也就是说，它只着眼于当下，而不考虑未来。因此，它的作为仅仅限于避开当前的困难与冲突：不是从根本上解决它们，而是想尽一切办法权且暂时躲过；至于代价，哪怕使之日积月累、积重难返，也是在所不惜的。当大众直接行使公共权力的时候，它通常是无所不能却又如昙花一现、朝生暮死。大众人就是那些毫无生活目标，一味随波逐流的人，结果是，尽管他拥有无限的潜能和力量，最终却一事无成。然而，在我们这个时代做出决策的恰恰是这种类型的人，现在就让我们来分析一下他的性格。

这一分析的关键在于回到本文的出发点，我们自问：当今历史舞台上人潮涌动的大众到底从何而来？

多年以前,杰出的经济学家维尔纳·桑巴特[2]曾经强调过一个极其简单的事实,而让我惊讶不已的是,许多研究当代问题的智识之士对此却视而不见。这一简单的事实即使还不够充分,但亦足以为我们指明正确的方向,澄清我们对当代西欧的一些看法。这就是:欧洲历史从6世纪开始一直到1800年,也就是说,经过12个世纪的时间,欧洲居民的人口总数没有超过一亿八千万;而从1800年到1914年,在一个世纪多一点的时间里,欧洲的人口就从一亿八千万剧增到四亿六千万!我想,这些数字的对比毫无疑问可以证明上一个世纪的富饶与多产。在短短的三代里,欧洲竟然产生了这么多人口,它就像历史之畛域中的一道洪流,倾泻而下,泛滥成灾。我再重复一遍,这一事实应该足以让我们认识到大众的胜利以及这一切意味着什么、宣告着什么。而且,作为一项再具体不过的数据,它可以补充证明我业已指出的生活水平面的上升。

但是,与此同时,这一事实也向我们表明,当我们在强调新兴国家——如美利坚合众国——人口的增长时所不由自主地流露出的羡慕之情,其实是多么不合情理。我们曾经为这一增长感到震惊:它在一个世纪内人口竟然达到一亿之多。实际上真正令人震惊的应该是欧洲自身的富饶多产。这也是纠正"欧洲的美国化"这一误导性概念的另一项理由,甚至通常被视为美国化最典型特征的人口的剧增也是欧洲自身所具备的,欧洲在上一个世纪人口的增加远远超过了美国,甚至可以说美国这个国家的形成都源自欧洲的人口过剩。

但是维尔纳·桑巴特所确证的事实并没有受到应有的重视,一种混淆视听的观点反而大行其道:既然欧洲的人口剧增在地理上分布极为广泛,那么对此也就不必大惊小怪了。因此,引起我注意的并不是这些数字本身所显示的人口之简单增长,而是通过对比所凸现的让人感到头晕目眩的增长率。这一点对我们目前的讨论来说至关重要,因为这一惊人的增长率意味着一拨一拨的人像潮水般涌向历史的舞台,这一加速度的增长使得传统文化断难滋养那么多的人口。

事实上,比起上一个世纪来,今天普通的欧洲人确实拥有更加健康、强壮的身体构造,但头脑却简单得多。因此,他们时常给人这样一种印象:他们仿佛是一种非常古老的文明中突然之间崛起的一群野蛮人。上一个世纪还被欧洲人引以为豪的学校,如今除了教导大众掌握现代生活的技能之外,几乎乏善可陈,它已经失去教育他们的功能。[3]他们能够适应更为紧张的生活方式,却体察不到自己肩负着重大的历史责任;他们不假思索地把现代科技手段的骄傲与力量据为己有,却对相应的科学精神弃之如敝履，因此，在他们身上将看不到任何精神价值，新的一代人跃跃欲试，准备接管这个在他们看来宛如天堂一般的世界：什么踩着前人的脚步，什么复杂的传统问题，通通不在话下。

因此，到上一个世纪时，荣誉与责任已经荡然无存，数量惊人的大众如脱缰烈马，驰骋在历史的原野上。同时，这一事实也为我们公正地评价上个世纪提供了最为恰当的视角，当人类自身的生产因气候适宜而获得如此丰盛的成果时，必然会出现某些非同寻常、无与伦比的事物。如果一个人还没有充分认识到这一重大事实并领会它的含义，就对激励过以往时代的原则表示偏爱，那么，这必然是轻率的、荒谬可笑的。整个历史看起来就像是一座巨大无比的实验室，其中所有的实验都是为了得出一个最适宜于人类繁衍生息的公共生活的规则（a formula of public life）。在排除了一切可能的解释之后，我们直接面对的是这样一个事实：把人类的"种子"撒播于自由民主政体（liberal democracy）和科学技术的沃土之中，欧洲在一个世纪之内人口增加了两倍。

除非我们故意装糊涂，否则，在这样一个压倒性事实面前，我们必然会推演出三个结论：首先，以科技知识为基础的自由民主政体是迄今最高级的公共生活方式；其次，这种生活方式或许并不是我们想象中最好的，但我们所能想象得到的最好的公共生活方式却必欲保留这两条原则——自由民主政体和科技知识——的本质；第三，退回到19世纪之前的任何一种生活方式都无异于自取灭亡。

一旦我们清澈澄明地认识到这一事实对我们提出的要求，我们必然会对19世纪提出严厉的批评。如果说19世纪确实存在着某种非同寻常、无与伦比的事物，那么它也肯定具有某些根本性的祸害和制度上的缺陷：当它造就了一个阶级——反叛中的大众时，这个阶级随即就对使他们得以存在的原则构成了威胁。如果这一类人继续主宰欧洲，那么不出30年，我们就会退化到野蛮人的境地，工业技术将会倒退，法律程序就会毁弃，就如同许多工艺技艺中的秘密常常容易失传一样。* 人类的生活将全面萎缩，当前可能性的充裕将变成事实上的匮乏，变成一种让人怜悯的虚弱无能和一种真正的衰败没落。

---

* 当代最伟大的物理学家之一，爱因斯坦的同事和继承人，赫尔曼·魏尔（Hermann Weyl，1885—1955，德国数学家、物理学家。——译注）在私下聊天里常说，如果世界上具有特殊才能的那十个或十二个专家突然去世了，那么今天物理学的伟大成就很可能随之而去，人类将永不复得。人类的智力器官要适应、接受这些抽象复杂的物理学理论得花上若干个世纪的培育和准备。任何一个偶然的事件都可能摧毁人类如此众多的可能性，而这种可能性正是未来科技发展的基础。

大众的反叛与拉特瑙[4]所说的"野蛮人的垂直入侵"（the vertical invasion of the barbarians）完全是一回事。因此，充分考察大众可能给社会带来的福音与祸害，具有相当大的重要性。

注释

1 参见奥尔特加在《历史是一个体系》中的说法："人生中最细微的而同时又是最重要的基调便是：人别无选择，而只能是永远都在做着某种事情使自己得以存在。生命是被给定于我们的，我们并没有把它给定于我们自己；倒不如说，我们在其中突然莫名其妙地发现了我们自己。但是我们所被给定的生命，并不是现成地给定于我们的；我们必须为我们自己创造它，每个人都必须创造自己的生命。生命是一桩事业，而成其为生命这些事业中最有分量的方面，却不是必须要完成它们，而是在某种意义上，恰好相反：我的意思是说，我们发现自己总被强迫去做某种事情，但是严格说来，又绝非被强迫去做某桩具体的事情；我们并没有被强行纳入这种或那种事业，有如星体之被强行纳入它的轨道或者石头之被强行纳入引力作用那样。每个个人在做任何事情之前都必须为自己做出决定，并且要冒自己所要做的事情的风险。但这种决定是不可能的——除非是一个人对自己周围各种事情的本性、别人的本性和自己的本性具有某些信念。只有根据这类信念，一个人才能愿意采取一种行动而不是另一种行动；总而言之，一个人才能活下去。"（转引自何兆武主编《历史理论与史学理论》，第701页，商务印书馆，1999年）

2 维尔纳·桑巴特（Werner Sombart, 1863—1941），德国经济学家和社会学家，主要著作有《现代资本主义》《犹太人与现代资本主义》等。
3 奥尔特加对教育问题的看法，可参见他的另一本著作《大学的使命》。
4 拉特瑙（Walther Rathenau, 1867—1922），德国实业家、社会理论家和政治家。

第六章

大众人剖析

今天支配着公共生活——不论是政治的,还是非政治的——的大众人,究竟是什么样子?为什么会是这个样子?也就是说,他们是如何产生的呢?

这两个问题最好放在一起回答,因为它们之间是彼此相通的。力图领导欧洲当代公共生活的人虽然与在19世纪居主导地位的人远不是同一种人,但他们却是19世纪培育和造就的。无论是在1820年、1850年,还是在1880年,任何一个敏锐的大脑只要通过一种简单的先验推理,就可以预见到我们当前所面临的历史处境的严峻。事实上,今天所发生的事情没有一件是100年前不曾被预见到的。"群众正在崛起!"黑格尔以预告世界末日来临般的口吻说道;孔德宣称:"我们的时代是一个革命的时代,由于缺乏一种新的精神力量,它将引发一场巨大的灾难";尼采站在恩加丁[1]的一座峭壁上尖叫:"我看到虚无主义的洪流在奔腾泛滥"。说历史不能被预言是错误的,无数次的历史预言已经应验。如果未来没有给预言留下空间,那么,当它转化为现实或往事时,就不能得到理解,也就是说人们将无法理解现在和过去。整个历史哲学可以概括为这样一种观念,即历史学家是先知的另一副面孔。当然我们只能预料到未来的大体状况,但实际上我们对过去和现在的了解也不过如此而已。所以,如果你想对自己的时代有一个恰当的认识,你最好退后几步从远处观察,应该保持多大距离呢?答案很简单:只要看不到克娄巴特拉的鼻子[2]就行。

就自19世纪以来人数一直在持续增长的大众而言,他们的生活是什么样的呢?一开始,物质生活上表现出一派普遍安适的景象,普通人以前从未能够如此轻松地解决其经济问题。尽管大宗的财富在日益减少,产业工人的生活每况愈下,但是普通的中产阶级却发现他们的经济视野(economic horizon)一天比一天开阔。他们的生活标准中每天都可以增添一件奢侈品;他们的地位越来越安全稳固,越来越超脱于他人的意志。过去曾经被视为命运之荫庇与恩宠的禀赋与才能,如今变成了一种权利,它再也不能引起人们对命运充满谦卑的感激之情,人们对它只有要求与占有。大约自1900年起,工人同样也开始稳固并扩展其生活，不过他们得通过奋斗才能实现自己的目的。他们不可能像中产阶级那样，等着社会和国家主动为他们服务，坐享其成，因为那毕竟是一种组织上的奇迹。

除了这种经济状况的方便与安全之外，还得加上物质条件的得天独厚：舒适的生活以及井井有条的公共秩序。人们的生活列车奔驰在畅通无阻的轨道上，根本不必忧虑会发生什么剧烈而危险的意外中断。这样一种自由的、无拘无束的生活条件必然会在人们的意识深处注入一种生活观念，它可以借用我们西班牙古老文明中的一句睿智而优美的成语来表达："卡斯蒂利亚广阔无垠"[3]。也就是说，从它各个主要及关键方面来看，生活向新一代人呈现出一种免除了一切限制的状态。当我们想起这样一种自由而宽宏的生活状态是过去任何一个时代的普通人都不可企及的时候，这一事实及其重要性就会昭然若揭。与此形成对照的是，对以前的普通人而言，生活注定要成为不堪承受的重负，无论是经济上还是物质上。从一出生开始，生活就意味着一种他们不得不忍受的障碍物之累积。除了适应，除了在极为有限的空间里了度此生之外，他们别无选择。

如果我们把目光从物质生活转向法律生活和道德生活，那么这一对比就会更加一目了然。从19世纪下半叶开始，普通大众就发现再没有什么社会限制可以阻碍他，也就是说，在公共生活中，从他一出生开始就不会遇到什么障碍与限制。没有什么力量可以强迫他限制自己的生活，于是乎，我们再次看到"卡斯蒂利亚广阔无垠"。不再有什么"阶层"或"等级"，没有人拥有民事上的特权，一般人都会意识到法律面前人人平等。

在人类的历史进程中，人们从未发现自己曾经置身于类似——哪怕是一丁点的相似——的生活环境之中，它是由我们刚才所提到的那些条件构成的。事实上，我们正面临着人类命运的一场彻底变革，这场变革孕育于19世纪。人类的生活已经进入一个崭新的阶段，无论是在物质层面还是在社会层面，它都将焕然一新。有三项原则使这一新世界成为可能：自由民主政体、科学实验和工业制度，而后两项原则可以合并为一个词：技术。这些原则没有一项是19世纪的产物，它们来自此前的两个世纪；19世纪的成就不在于发明这些原则，而在于普及这些原则，对于这一点没有人会否认。但是，仅仅抽象地承认这一事实是不够的，我们还必须认识到它所带来的不可避免的具体后果。

19世纪在本质上是革命的。我们不要指望能从那些只是偶然事件的重重迷障中识破这一本质，我们应该抓住这样一项事实，那就是19世纪使得普通大众这一庞大的社会群体置身于一个与他们此前所面临的环境有天壤之别的生活条件之中，公共生活彻底被颠倒。革命并不仅是对既定秩序的反叛，而是要建立一个与传统秩序截然对立的新秩序。因此，可以毫不夸张地说，就他们对公共生活的影响而言，19世纪所造就的这些人全然不同于以前任何一个时代的人。18世纪的人当然不同于17世纪的人，而17世纪的人自然也不同于16世纪的人，但是与这批新人相比，他们之间的差异是微不足道的，他们彼此相似，甚至可以说在本质上是完全一致的。因为，对于其他所有时代的平民大众来说，生活首先就意味着限制、义务和依附：统言之曰"压力"；如果你乐意的话，也可以说是压迫（oppression），不仅是法律意义和社会意义上的压迫，还包括自然意义上的压迫。直到100年前，也就是在现代科学——物理学和管理学——开始大规模地应用于实践之前，人类从未摆脱过自然意义上的压迫。此前，即使对有钱有势的人来说，世界也是一个贫乏、艰辛且充满危险的地方。*

在这一新型人（the new man）的出生伊始，他所处

---

* 以前，无论一个人怎么富有，他也得和其他人发生联系，由于整个世界都是贫穷的，所以他的财富能给他带来的便利和设施是极为有限的。而今天，就是普通人也比其他时代最有权势的人生活得更舒适、方便和安全。如果这个世界是富足的，能够为他提供公路、铁道、电报、旅馆以及人身的安全保障和消除病痛的阿司匹林，那么就算他并不比别人富裕，又有什么大不了呢？

的世界就没有强迫他局限于任何固定的形式，也没有对他设置任何否定性的条件；恰恰相反，它一直都在刺激他的欲望，而我们知道，人的欲望在本质上是没有止境的。有一点至关重要，那就是，19世纪与20世纪初的世界不但显示它实际上拥有的事物已臻于完美富足，而且它还向居于其间的人们做出进一步的允诺：未来它将更加充足、富裕和完美，就好像它拥有一种自发的、永不枯竭的推动力量一般。尽管有种种迹象表明，这种坚定的信仰如今已经开始出现细微的裂痕，但很少有人会怀疑几年以后的汽车将更加舒适与便宜，他们对此深信不疑，犹如他们相信早晨太阳将从东方升起一样。这是一个贴切的比喻，因为，事实上人们发现自己置身于一个在技术和社会方面是如此完美的世界，以至于他们相信这一切都是大自然所造就的，他们从未考虑过，这个新世界诞生的前提条件是那些天分极高的个人必须为之付出艰辛的努力；他们更不愿意承认，所有这些设施与成就依然有赖于人类某些罕见的技能和德行，如果稍有懈怠，这座宏伟的大厦就会急速坍塌，荡然无存。

上面这些观察使我们对大众人心理图像中的两个基本特性留下了深刻的印象，那就是：一方面，生命欲望的自由膨胀，亦即个性自由的伸张；另一方面，他们却对使之生活得以安闲舒适的造福者丝毫不存感激之情。这两种特性正是我们在被宠坏了的孩子（the spoilt child）身上所见到的心理症状，事实上，把这种心理状态作为考察当代大众人灵魂的一把钥匙是极为恰当的。无论是在理想上还是在实践上，面目焕然一新的平民大众都受惠于慷慨宽宏的古老传统，但他们却被周遭的世界宠坏了。所谓宠坏，是指世界对他反复无常的要求没有一点限制，尽量予以满足；并给他这样的印象：他可以任意而为，无拘无束，不知道义务为何物。在这种政治制度下成长起来的少年儿童根本没有体验过限制，由于所有外在的压力、限制都被取消，任何可能的冲突都不复存在，于是他竟然开始相信自己是唯一存在的，并习惯于唯我独尊，而不考虑、顾及他人，特别是不相信别人比自己优秀。只有当某个比他强大的人迫使他放弃自己的某些欲望，进行自我限制与约束时，他才会收敛目空一切、舍我其谁的感觉，他才会从中学到一个基本的规范："这是一个极限，我在这里一无所能，那是比我优秀的人的天地。显然，这个世界上存在着两种人：我自己和比我优秀的人。"在过去的时代里，普通人每天都在从他所处的世界中吸取这一基本的教导，因为那是一个条件恶劣的世界，灾难不断，一切都处在风雨飘摇之中，物质匮乏，居无定所。相比之下，新的大众却发现自己面对着各种各样的可能性，万物皆有备于我，一切都处在自己的控制之下，并且不需要像以前那样付出努力，这就如同我们看到太阳自己就会悬在空中而无须我们把它扛在肩上一样。没有谁会由于自己呼吸到空气而感谢他人，因为它并不是人为制造的，它属于"本来就存在"的事物（what is there），也就是我们所说的"自然而然"的事物。我们从未感到空气是稀缺的。这些被宠坏了的大众竟然无知到这种程度，以至于相信物质财富和社会组织与他们可以任意支配的空气同出一源，都是"本来就存在的"，因为它们也没有缺乏过，并且几乎和事物的自然结构一样完美。

因此，我的论点是：19世纪给某些生活秩序所带来的这种组织上的完美，使得大众受益匪浅，但他们却把它视为一种自然系统，而不是一种组织系统。因此，我们可以这样来解释与定义大众所暴露出来的荒谬的心智状态：他们唯一关心的就是自己生活的安逸与舒适，但对于其原因却一无所知，也没有这个兴趣。因为他们无法透过文明所带来的成果，洞悉其背后隐藏的发明创造与社会结构之奇迹，而这些奇迹需要努力和深谋远虑来维持。他们认为自己的角色只限于对文明成果不容分说的攫取，就好像这是他们的自然权利一样。过去，当食品短缺导致骚乱时，暴动的群众通常会捣毁面包店，四处搜寻面包。这或许可以看作公众行为的一种象征，今天，大众对待滋养了他们的文明所采取的态度就有类于此，只不过规模更大、更复杂而已。*

---

* 各种类型的大众，无论是平民还是"贵族"，总是随心所欲地放纵自己的意愿，他们通常出于一种对生活的纯粹热情，而倾向于破坏集体生活的基础，这一倾向可以概括为：propter vitam, vivendi perdere causas，也就是"在生活中失去理智"（in living one's life to lose one's reasons）。很早之前，我就认为下面这一历史事件是它的一幅生动讽刺画：1759年9月13日卡洛斯三世（Carlos Ⅲ）在阿尔梅里亚（Almería）附近的一座城镇尼哈尔（Níjar）登基称王，当时典礼在市中心的广场上举行，"上面发出命令要让群众尽情饮宴，结果共消耗了77阿罗瓦（arroba，合616加仑）的葡萄酒和四皮囊（pellejos）的烈酒。群众兴奋异常，不断地发出'比巴！比巴！'（Viva，西班牙语万岁的意思。——译注）的呼喊声，并向公共粮仓开进，他们把储存在那里价值900银币的谷物通过窗户向外抛掷。随后他们又涌向酒坊，把那里所有的酒和一个月的收入洗劫一空。他们为了烘托庆典的氛围以同样的方式捣毁了商店，倒光了葡萄酒，散尽了食品。教会的财产也在劫难逃，他们对女仆们大喊大叫，要她们把屋里所有的东西都从窗子里扔出来，那些女人们居然毫不犹豫地将面包面粉、大麦小麦、盘碟杯盏、锅碗瓢盆以及桌子椅子统统都扔了出来。结果，这个村庄几乎完全被毁坏。"这是当时一个报告里叙述的情形，转引自堂·曼纽尔·丹比拉（Don Manuel Danvila）的《卡洛斯三世的统治》（Reinado de Carlos Ⅲ，第2卷，第10页的注释）。这个小镇为了欢祝国王的庆典，竟然毁灭了自己，哦，多么可敬的尼哈尔啊，你属于未来！（30年代英译本中没有这个脚注，现根据80年代英译本译出；实际上群众心理的集体发作在历史上数见不鲜，例如，法国大革命前后，在多菲省格勒诺布尔市1788年6月发生的暴动中，1789年4月巴黎的"雷韦荣事件"中都出现过这样纵酒狂欢、大肆破坏的场景，参见维诺克：《法国资产阶级大革命》，第7页、69页，侯贵信等译，世界知识出版社，1989年。——译注）

注释

1 恩加丁（Engadine），瑞士东部因河的一个山谷，著名的风景游览区，1882年到1888年，尼采曾多次在这里休养。

2 克娄巴特拉（Cleopatra，69 BC—30 BC），埃及女王，以其美貌及魅力而闻名，曾在罗马"前三头之争"中充当过重要角色。"克娄巴特拉的鼻子"这一典故出自帕斯卡尔的《思想录》："要是克娄巴特拉的鼻子长得短一些的话，整个世界的面貌将会改观"（参见《思想录》，第79页，何兆武译，商务印书馆，1986年）。

3 卡斯蒂利亚（Castile），西班牙中部地区的传统名称，曾经是古代的一个王国，1512年它吞并纳瓦拉王国的西班牙部分，由此组成了现代西班牙。

第七章

高贵的生活与平庸的生活，或勤奋与懈怠

从一开始，我们就是我们所在世界的产物；我们周围的世界就像一个模具，它铸造了我们灵魂的基本特征。这是自然而然的，因为我们的生活无非就是我们和周围世界的关系，世界向我们呈现的一般轮廓就是我们自己生活的一般轮廓。正是因为这个缘故，我才多次强调如下的事实：造就了今天之大众的世界所具有的特征是史无前例的。在过去的时代里，生活对一般人而言，意味着困难重重，危机四伏，物质匮乏，命运局促以及相互依附；而新世界却是另一番景象：它在实践上具有无限的可能性，安全可靠，人与人之间相互独立。这一鲜明而持久的印象深深地烙在每一个当代人的灵魂中，如同与之截然对立的印象也深深地烙在以前人的灵魂中一样。

这一基本的印象已经成为一种内在的声音（an interior voice），它在每一个人的灵魂深处不断地发出指令，并指陈了一种生活的定义，恰恰是这则定义构成了一个人的道德律令。如果说传统的观点在低声抱怨："生活就是感觉到自己处处受到限制，因而，生活也就是直面与应付对我们构成限制的事物"；那么最新的声音却在呼喊："生活就是不用考虑任何限制，因而也就是尽情地放纵你自己，在实践中，凡事皆有可能，没有什么是危险的，同时在原则上，没有什么人比其他人更优秀"。

这种现代体验完全修正了大众人传统的、持久稳固的人格结构。过去，一般人按照其本性，都会感到自己要受物质条件和高级社会权力的限制，在他眼里这就是生活。如果他成功地改善了自己的生活境况，提高了社会地位，他可能会将这一切归功于运气，他会认为这是命运对他个人的垂青；即使不是这样，他也会把它归功于自己的巨大努力，他深切地了解自己为之付出的代价。无论在哪种情况下，人们都把它看作是生活与世界之正常途径的一个例外，这种例外由某种非常特殊的原因所致。

但是，当代的大众却认为生活之自由完满是自然的，是既定的条件，谈不上有什么特殊的缘由。任何外在的事物对他来说都不成其为自身的限制，所以，他从来不曾求助于比自己高明的其他权威。直到不久以前，中国的农民还相信自己生存的福祉取决于皇帝乐于拥有的个人美德,因此,他的生活与其赖以为基础的至高权力须臾不可分离。**然而,我们现在正在剖析的大众人,除了他自己之外,不习惯于向任何外在的权威求助。**他对自己目前的状况心满意足,他倾向于认为并肯定出诸己身的任何事物——看法、欲望、偏好以及趣味等等——都是好的。他对这一点甚为坦率,几乎不加任何掩饰,就好像它是世界上再自然不过的事情似的。为什么不呢?正如我们看到的,根本没有什么事物或什么人可以迫使他认识到:自己只是一个二流的角色,得服从于诸多的限制,没有能力创造或维持使自己生活完满充足的组织与文化,而这些正是他赖以实现自我、伸张其个性的基础。

大众人从来就不会接受来自自身之外的权威,除非环境迫使他这样做。就目前的情况来看,环境的力量还不足以强迫他这样做,于是永恒的大众人原形毕露:他不再求助于其他任何权威,他感到自己就是生活的主人。而少数精英人物、非凡卓绝之士则恰恰相反,他们受到自己内在必然性的鞭策,竭力寻求高超于己、优越于己的准则,并欣然接受它们的权威。[1] 让我们回顾一下在本文开头对精英与普通人所做的对比:前者对自己要求严格,而后者对自己放松懈怠,仅仅满足于自己现在的样子,甚至还有些自鸣得意。*能够摆脱通常观念之束缚的是优异卓绝之士,而非实质上生活在奴役状态中的平庸之辈。对于少数精英来说,除非能够致力于一项超越的事业,否则生活断无意味可言。因此,他不会把自己为之服务的必然性看作是一种压迫,相反,当这种必然性因某些偶然因素而缺失的时候,他反而会变得焦虑不安,并竭力寻求更为苛严的新的准则加诸己身。这是把存在当作一条纪律的生活,亦是高贵的生活,高贵的定义标准是我们对自己提出的要求,即义务,而不是权利。²Noblesse oblige［地位高则责任重］,"随心所欲是平民的生活方式;高贵的人追求秩序与法律"(歌德)。贵族的特权并不是基于出身的恩许或荫庇,而是战利品,也就是说,特权的维持在原则上应当以这一点为前提,即享有特权的人必须有能力再度征服它们——无论何时,只要有必要,只要有人对他们的特权提出挑战,他们就得这样做。†因此,私人的权利或特权并不是消极的拥有物或是纯粹的享受品,相反,它们代表着只有通过个人努

---

* 那些面对任何问题,只满足于偶然想到的解决办法的人,从智力上说都属于大众人;而非凡卓越之士则恰恰相反,他们对没有经过大脑认真思考的东西不屑一顾,他们只接受那些高超于己并需要进一步努力才能获得的事物。

† 参见笔者《没有主心骨的西班牙》(1922)一书,第156页。

力才能达致的准则。另一方面，共同的权利——诸如"人权和公民权"——则是消极的所有权、坐享其成的收益权和好处；是命运为每一个人所准备的慷慨赠礼；只要一息尚存，只要还没有精神错乱，无须任何努力谁都可以唾手而得。因此，我们可以说：非个人的权利是占有的；而个人的权利则是保有的。

不幸的是，像"贵族"这样一个令人鼓舞的字眼，在日常语言中却受到了曲解和滥用。因为，在许多人看来，"贵族"仅仅意味着世袭的"高贵血统"，这样它就沦为与共同权利相差无几的事物，也就是说，它成了一种静止的、消极的身份与资格，不需要付出艰辛的努力就可以获得与转移。但是，就严格的意义而言，"贵族"一词的语源本来是动态的："贵族"就意味着他"声誉斐然"，远近闻名，尽人皆知；他与默默无闻的群众相比显得卓尔不群。贵族的名号暗含着一种为了赢得声誉而做出的巨大努力，因此，"贵族的"就等同于勤奋努力的、优秀出色的。当贵族头衔或名望传到其子嗣的手里时，就蜕化为一种纯粹的既得利益，他的荣耀来自一种反射：世袭贵族的品性实际上是间接的，它犹如一面镜子，只能反射出他已经去世的父执辈们月色般的高贵。它所遗留下来的唯一有效、真实、充满生机的遗产就是推动力，它激励着他的后裔努力保持一种与其祖先持平的成就。

即使是在这一修正意义上，也仍然是 noblesse oblige［地位高则责任重］。最初的贵族是自己给自己强加义务；世袭的贵族则因其所继承的遗产而承担义务。当然，无论如何，贵族称号从第一代贵族传到其后裔手里时，其间还是存在某种偏差的。在中国古代，传递的次序恰好相反，但这也更合乎逻辑：子并不因其父而贵，而是祖先因其子嗣获得贵族身份而沾濡荣耀，他个人的努力使他低微的祖先得以彰显。因此，当他们取得各种贵族头衔时，这些头衔是根据其可以向前追溯的代数来分层定级的：有些人可能仅使他们的父执辈得到诰封，而另一些人则可以延伸到他的前五代或十代祖先。这个现存的人使他的祖先得以复活再生，他的高贵是真实的、积极有效的，简而言之，是现在的，而非过去的。*

"贵族"一词直到罗马帝国时期才作为一个正式的词汇而出现，它的含义与当时正处于衰落状态中的世袭贵

---

* 我们上面只是在"贵族"一词的原初意义上使用它，而不涉及世袭问题，这里不是探讨"血统贵族"（nobility of blood）这一历史上一而再、再而三地出现的事实的地方，姑且让我们把这个问题搁在一边。（事实上，中国传统思想中也有封妻荫子，一人得道、鸡犬升天的观念，而且光宗耀祖观念的盛行，与中国宗法制的社会功能密切相关，也就是说，通过强调同宗共祖，一个家族内部的人可以因显贵者而利益均沾，参见费孝通等：《皇权与绅权》，第108页，天津人民出版社，1988年。——译注）

族恰好相反。

因此,在我的心目中,贵族就等同于一种不懈努力的生活,这种生活的目标就是不断地超越自我,并把它视为一种责任和义务。以此观之,贵族的生活或者说高贵的生活,就与平庸的生活或懈怠的生活形成了鲜明的对比:后者以一种消极被动的方式倚赖自己,安于现状,害怕变动,除非有一种外在的压力迫使它走出封闭的自我。所以,我们用"大众"来指称这一类人与其说是因为他们人数众多,还不如说是因为他们的生活是懈怠的、颓惰的。

随着一个人对生活认识程度的加深,他会越来越领略到这一点:大多数的男人和女人,除了对强加在自己身上的外部压力做出本能式的反应之外,实在无法表现出更大的努力。所以,在现实生活中,我们很少能遇到几个能够自发而欢愉地做出努力的人,在芸芸众生中,他们犹如鹤立鸡群,卓尔不凡。这些少数人就是精英,唯有他们才称得上是贵族,也唯有他们的生活才是奋发有为的,而不是消极被动的;对他们来说,生活是一个持久的奋斗过程,是一种永无止境的磨炼。所谓磨炼就是苦行(Training = askesis),他们才是真正的苦行修道者。*

---

* 参见笔者的《国家运动的起源》一文,载最近出版的《观察者》,第 7 卷。

读者对这些表面上看来似乎离题太远的论述不必过于惊讶，为了准确地界定今天的大众人——他们和以前一样依然是庸众，但他们现在却企图取代精英——有必要将他们与两种纯粹的形式做一番比照，这两种纯粹的形式在世人身上都可以见到：一般大众和真正的贵族，或者说奋发有为之士。

现在，我们就可以加快推进我们的论题了，因为，在我看来，我们已经掌握了打开今天占统治地位的那一类人灵魂的锁钥，即他们的心理方程式（the psychological equation）。接下来的内容都是这一根本性结构的结果或必然的推论，我们或许可以这样来概括它：19世纪所组织起来的这个世界，已经自发地造就了一类新人，他们被灌注了巨大无比的欲望，但同时他们也掌握了各种各样有力的手段以满足这些欲望，这些手段包括经济上的、体质上的（比如卫生学，现在一般人的健康状况比过去所有的时代都要良好）、法律上的、技术上的（我这里是指一般人所拥有大量不完全的，但具有实效的知识，这在过去是不可能的）。19世纪在为他们提供了这些力量之后就弃之而去了，他们完全被托付给自己，于是普通人就只能追随其本性，放任自流，退守自己狭隘的世界。因此，我们所面对的大众比以前任何一个时代的群众都要强健有力，但他们与那种严格地自我封闭,不敢越雷池一步的传统大众截然不同:他们不愿服从于任何事物、任何人,他们相信自己是自足圆满的———一句话,他们已经变得桀骜不驯。*如果事态继续这样发展下去,我们不久就会看到:在欧洲、在西方乃至在整个世界,大众将变得越来越难以驾驭,越来越无所适从。在未来世事艰难的岁月里,大众在意外灾难的打击之下,或许会在某些尤为重大的问题上,一时片刻、真心诚意地接受少数出类拔萃之士的引导。

但即使是这种良好的意愿也会以失败而告终,因为他们灵魂的基本腠理乃是由冥顽不化、桀骜不驯精炼而成;从一出生开始,他们就缺乏关注外在于自己的事物的能力,不管是对事实还是对人。就算他们愿意追随某些人,也无能为力;他们希望倾听,却发现自己是聋人。

另一方面,有些人却对今天的大众人心存幻想,以为他们的生活水平同其他时代相比高出了许多,因此,他们有能力自己控制文明的进程。但这种看法是靠不住的,我这里说的仅仅是过程,还不是进步。即使是维持我们当前的文明这一看似简单的过程也是极端复杂的,它有赖于无数细致入微的力量。今天一般的民众只懂得

---

* 在《没有主心骨的西班牙》(1922)一书中,我已经探讨过大众桀骜不驯的本性,尤其是西班牙的大众,读者可以参阅那里的说法。

如何使用文明的装置，但对于文明的原则却是一窍不通、不甚了了，指望他们来引导文明，岂不荒谬？

我这里再次向耐心听我讲到这里的读者重申一点：我们上面所叙述的这些事实并不具有多少重要的政治意义，恰恰相反，政治活动虽然是公共生活中最有影响、最引人注目的方面，但它不过是其他更隐蔽、更难以捉摸的因素之结果罢了。因此，如果政治上的不服从不是源自那种更深刻、更具决定性的智力上的不驯服（intellectual indocility），那么它就不会如此严重。所以，我们如果不把后者分析清楚，本文的主题就不会得到透彻地阐明。

注释

1 80年代英译本的编者在注释中指出，奥尔特加的这一段内容深受托马斯·卡莱尔《法国大革命》一书的影响。卡莱尔，英国历史学家和散文作家，以《论英雄、英雄崇拜和历史上的英雄事迹》一书闻名。

2 80年代英译本的编者在注释中指出，已经有学者考证出奥尔特加关于贵族的观点主要源自尼采以及德国波恩的哲学教授约翰内斯·马里亚·费尔韦伊恩（Johannes Maria Verweyen，1883—1943），尤其是受后者的《高贵的人及其意义》（*Der Edelmensch und seine Werte*，1919）一书的影响。

第八章

为什么大众要干涉一切，为什么他们的干涉总要诉诸暴力？

因此，我们可以断定，已经发生的事情虽然极为吊诡，但实际上却又非常自然：一方面，世界和生活为一般民众敞开了大门，但另一方面，他们的灵魂与心灵却走向了自我封闭。因此，我认为所谓大众的反叛就在于普通民众心灵的闭塞，并在这个意义上构成了今天人类所面临的重大危机。

我很清楚地知道，有许多读者并不像我这样认为。这是理所当然的，并且，它还能进一步印证我的观点。因为，即使我的观点最后被证明是错误的，这一事实依然存在，那就是：在这些持不同看法的读者当中，有很多人用来思考这个高度复杂的问题的时间，连五分钟都不会超过，他们怎么可能与我的想法一致呢？但是，如果他们相信自己在没有经过认真思考之前就有权利对这个问题发表意见，那么他们显然就属于我称之为"反叛的大众"的那一类荒谬之人，这正是我所说的"心灵的闭锁"（the obliteration of one's soul）、严重的自我封闭，这是一种典型的智识上的冥顽不化（intellectual hermetism）。这一类人发现自己身处一座巨大的思想宝库之中，他们对此洋洋得意，并以为自己在智力上已臻于完美至善之境。由于感到自身之外已无任何欠缺，于是他们索性在这一精神储藏中心安理得地定居下来，这就是自我封闭（self-obliteration）的机制。

大众人自以为完美无缺。而精英人物若是感到这种完美，必定是出于极端的自负，而且这种自以为完美的信念无法与他融为一体，对他来说这是不真实的，它仅仅是自负的产物，他甚至会认为这一信念是假想的、虚幻的、疑窦重重的。因此，自负的人需要他人，以便在他们身上寻找到力量来支持那些他希望自己能够拥有的思想观念。所以，即便是在这种病态的情况下，即便是被自负蒙蔽了双眼，那些"高贵的"人也仍然不会感到自己真的就是完美无缺的。但另一方面，我们这个时代的普通大众，当代的新亚当（the New Adam）却从未有过这种感觉，他们从未怀疑过自己的完满。他们自信心十足，犹如亚当置身于伊甸园一般。他们与生俱来的心灵之冥顽封闭，阻碍他们获得必要的条件来发现自身的缺陷与不足,这一必要的条件就是把自己与他人进行对比,进行对比就意味着要暂时走出封闭的自我,并把自己转化为邻人。但是,平庸的心灵没有能力做这样的转换——它是运动的极致形式。

此外,我们还面临着智者与愚人的永恒划分:明智之士总是感到自己有沦为愚人的可能,所以他竭力逃避这种稍有疏忽就会降至的愚蠢,他的努力取决于他的智慧;而另一方面,愚顽之人则从不怀疑自己,他总是认为自己是最明智、最谨慎的人,所以他对自己的愚蠢安之若素、怡然自得。就像一些昆虫无法走出它们安居的洞穴一样,愚顽之人无法摆脱愚蠢,走出蒙昧状态,也没有什么办法迫使他们将其钝化的视觉与其他更为敏锐的视觉比照。愚顽之人对生活愚昧无知,他们根本没有沉思默想的能力。这就是为什么阿纳托尔·法朗士[1]说愚蠢的人比奸诈的人要糟糕得多,因为奸诈的人还有打盹的时候,而愚蠢的人却从不知道休息。*

---

* 我常常问自己这样一个问题:毫无疑问,在任何一个时代,许多人在生活中所遇到的最令人头疼的问题之一,就是不得不与周围愚蠢的人打交道、发生冲突。既然如此,怎么从未有人——我是这么认为的——对这个问题做一番研究,写一篇文章来论愚蠢呢?伊拉斯谟[Erasmus,1466—1536,文艺复兴时期尼德兰著名人文主义者、天主教神学家,《愚人颂》(1511)是其代表作。——译注]在他的著作中也没有涉及这个方面的问题。[1979年(西班牙)版的《大众的反叛》删去了最后一句话。——80年代英译本译注]

这并不是说大众人就是愚蠢的人，恰好相反，今天的大众比以前任何一个时代的民众都要聪明，都要机敏，但这种能力对他毫无用处；事实上，这种认为自己更聪明、更机敏的模糊感觉反而使他更加封闭，并妨碍了他实际运用这种能力。大众人一旦陷入了思维定式的泥淖之中就无力自拔，各种陈词滥调、先入之见、零敲碎打的思想、空洞无物的言辞，统统胡乱地堆积在他的大脑中；他还到处贩卖、兜售这些破烂，这种厚颜无耻的虚妄行径恐怕只能由他头脑简单、智力低下来解释。这正是我在本书第一章中对我们这个时代的特征所做的概括：它不在于平庸的人认为自己是不平凡的，是出类拔萃的；而在于平庸的人不但承认自己是平庸的，而且还宣称平庸是一种权利，并要求执行这种权利。

今天，智识上的平庸之辈对公共生活的把持与控制或许是当前时局中最为引人注目的一个方面，也是历史上绝无仅有的现象。至少在欧洲历史上，迄今为止，平庸之辈从未相信自己对事物有什么"思想"，他们拥有信仰、传统、经验、箴言、心灵的习惯，但他们从未奢望对事物的实然或应然状态持有什么理论上的观点，比如说对政治或文学。对于政治领袖们的政纲，他们可以根据其制定或执行的好坏给予支持或予以抵制，但他们的态度只能是对其他人创造性行为的一种反应和回声，不管是积极的还是消极的。他们从未想过用自己的"思想"来反对政治领袖们的思想,他们甚至不敢从自以为拥有的"思想"立场来评判政治领袖们的思想。类似的情况也发生在艺术以及公共生活的其他层面。一种对自身局限性以及在理论化方面无能*的内在意识,有力地阻止了他们这样做。其必然结果就是平庸之辈从不会想到,哪怕是模模糊糊地意识到,自己应该对某一个公共事务做出决策,因为它们在很大程度上都具有理论的特征。

另一方面,今天的普通大众对世界上已经发生的以及将要发生的一切事情,都拥有最精确的"思想",因此,他们也就失去了倾听的能力。如果他们已经掌握了一切必要的知识,他们何必再洗耳恭听呢?让他们倾听的理由已经不复存在,他们可以理直气壮地做出判断、声明和决定。在公共生活领域,尽管大众依然愚昧无知,但他们却处处插手,频频干涉,强制推行自己的"观点"。

然而,这不正是一项进步吗?大众拥有了自己的"思想",也就是说,大众受到了教化,变得有文化、有涵养,这难道不是重大进步的象征吗?绝非如此,普通大众的"思想"并不是真正的思想,也不能说他们因此就拥有了文化。拥有思想就是要检验真理,将真理的军,把真理

---

* 我们无法回避这样一个事实,即表达一种观点就是在进行理论化。

置之死地而后生。无论是谁,只要他想拥有思想,首先就得渴求获得真理,并能够接受真理所强加的游戏规则。如果拒绝接受一种用以检验、规范思想的更高权威以及可以诉诸的一系列准则,奢谈什么思想、观念是没有任何意义的,这些规范和准则正是文化的原则。这里,它们采取何种形式是无关紧要的,我强调的毋宁是:如果我们的同伴缺乏可以依据的规范,就无所谓文化;如果没有可以诉诸的法律原则,就无所谓文化;如果在辩论中不接受某些终极的智识立场,就无所谓文化[*];如果经济关系不服从于可以保护有关各方之利益的原则,就无所谓文化;如果在美学争论中不承认评判艺术作品的必要性,亦无所谓文化。

当所有这些必要条件都缺乏时,就更无文化可言,这是最严格意义上的野蛮!让我们不要再自欺欺人了吧,在大众反叛日益滋长的情况下,欧洲正一步一步进入野蛮之境。当旅行者来到一个荒蛮之地时,他很快就会发现这里没有任何统治原则可言。确切地说,根本就没有什么野蛮人的准则,野蛮就是缺乏可以诉诸的规范和标准。

---

[*] 如果哪个人在和我们的争论中,并不打算服从真理,亦无兴趣寻求真理,那么他在智识上就是一个野蛮人。事实上,大众人无论是在他的言说、演讲,还是写作中,所表现出来的无一不是这种立场。

文化程度的高低乃是根据这些标准的精确度来衡量的，如果这一精确度过于粗略，那么这些准则就只能grosso modo［大致地］规范生活；反之，它们就可以细致入微地渗透到所有行为的运作当中。*

粗暴野蛮的政治运动在欧洲的盛行由来已久，我们只需回想一下早些时候西班牙的工团主义运动² 或意大利的法西斯主义运动就可以了。我们千万不要仅仅因为它们是新近才出现的，就以为它们是奇特怪异的。欧洲人对新奇事物的热情可谓根深蒂固，由此已经造成了人类有史以来最为动荡不安的局面。这些新运动的奇特因素并不在于它们本身的新颖，而在于它们所采取的特殊形式。在工团主义和法西斯主义的形式下，欧洲首次出现了这样一种类型的人：他们根本不愿诉诸理性或者试图表明自己是正当的，他们仅仅是要决意推行自己的意

---

* 智识文化生活的贫弱与其说表现为知识量的寡薄，不如说表现为知识分子在使自己适应于真理时，惯常缺乏一种审慎与警觉。这不是一个能否做出正确判断的问题——真理是永无止境的——而是由于缺乏审慎与警醒，他们就等于是连做出判断的基本条件都不具备，遑论正确的判断？譬如我们西班牙的知识分子，其行为举止至今还犹如乡村牧师一般，他根本不必操心摩尼教徒们（Manichean，摩尼教是公元3世纪兴起于巴比伦的宗教，为波斯人摩尼所创，它融合了祆教、基督教以及佛教，流传于中东、北非以及东亚一带。——译注）到底信仰些什么，就可以成功地拒斥他们。

见。这才是崭新的事物：不讲求理性的权利（the right not to be reasonable）、"无理性的理性"（the reason of unreason）[3]。大众新的精神状态在这里一览无遗：他们没有治理的能力，却决意要统治这个社会。这种精神状态的结构在他们的政治行为中表现得最为明显、最为直白，而其关键仍然在于我们所说的"智识上的冥顽与封闭"。大众的头脑中满是一些奇思怪想，但他们却缺乏理论化的能力。对于思想观念得以滋生、存活的珍稀氛围他们更是一无所知。他们希望拥有自己的观点，但又不愿意接受一切观点赖以为基础的前提和条件。因此，他们的"思想观念"实际上不过是口头上的愿望罢了，仿佛音乐喜剧中的抒情短诗。

拥有某种思想观念即意味着相信自己掌握了拥有它的理由，因此，也就意味着相信理性以及可以理解的真理世界的存在。拥有思想、形成观点，就等同于向这个权威（理性和真理的世界）求助，并服从它，接受它的法则、判断与决定，因而也就相信社会沟通的最高形式是对话（the dialogue），在对话中我们思想观念背后的理由得以检讨。但是，大众感到一旦接受这种检讨，他们就会迷失自己，因此，他们对承认外在于己身的最高权威这一义务怀有本能的拒斥。如是观之，当今欧洲的"新"进展就是"与讨论和对话绝缘"、对各种形式的社会沟通与交流的反感,因为它们都意味着对客观标准的服从,从日常交谈、议会辩论到科学探讨本身,无一不是如此。这表明欧洲人正在弃绝一种建立在文化基础之上的公共生活,也就是服从于标准的公共生活,而向蒙昧野蛮的公共生活蜕变。为了直接实现他们渴望强制推行的措施,他们公然抑制一切规范的程序。正如我们前面所看到的,心灵的冥顽与封闭促使大众干预公共生活的一切方面,同时这也不可避免地导致他们采用一种单一的干预方式,那就是直接行动(direct action)。

当我们这个时代的诸种起源被拼凑到一起时,我们就会发现,其特有旋律的第一批音符是由法国的工团主义者和现实主义者在1900年左右奏响的,这些人正是"直接行动"这一方法与名称的始作俑者。人类往往倾向于使用暴力,有时候暴力的唯一后果就是纯粹的罪行——它不是我们这里关注的对象;但有些时候,当人们发现其他一切正常的手段都不足以捍卫他们认为自己拥有的或应该拥有的正当权利时,他们也会诉诸暴力。命运一再地迫使人类使用此种形式的暴力,或许是令人遗憾的;但我们也不可否认,它同时意味着对理性和正义最崇高的礼赞。因为,这种形式的暴力正是"被激怒的理性"(reason exasperated),暴力实际上是ultima ratio[最后的理性],人们总是非常愚蠢地在反讽的意义上使用这一措辞，但它确实清晰地表明在诉诸暴力之前对理性及其规范的服从。文明不过是试图把武力变成最后的手段而已。但对于"直接行动"，我们现在已经再清楚不过地看到，它正准备颠覆一切秩序，并宣称暴力是 prima ratio［首要的理性］，甚至可以严格地说是 unica ratio［唯一的理性］。这一规范要求废除所有的规范，取消介于我们的目的与效果之间的一切中间过程，这正是野蛮主义的大宪章（the Magna Charta of barbarism）！

我们很容易就会回想到，在任何一个时代里，大众无论出于何种目的参与公共生活，他们都会采取"直接行动"的方式，因此，它是大众屡试不爽的 modus operandi［惯用伎俩］。本文的主旨得到了如下这一显著事实的有力支持：当前，大众对公共生活的压倒性干涉已经由过去间断的、偶尔为之的活动发展为正常的、天经地义的事情，"直接行动"公然成了一种被普遍认可的方式。

在这种新的体制下，我们的团体生活开始走向堕落，一切诉诸"间接"权威的行为都受到了压制：在社会关系中，良好的礼仪不再被遵守奉行；在文学作品当中充斥着粗鲁、暴戾的言辞；两性关系中的约束与节制也是荡然无存。

约束、规范、礼貌、委婉、正义、理性……，人们为什么要发明这些东西呢？创造这些微妙复杂之物有什么用呢？所有这些可以一言以蔽之曰"文明"（civilization），它的词根 civis（citizen，"公民"）揭示了它的真正起源：正是凭借这些事物，城市、共同体、公共生活才成为可能。因此，如果我们仔细考察上面所列举的这些文明的构成要素，我们就会发现它们具有共同的基础。事实上，所有这些文明的要素都有一个根本的前提，那就是希望每一个人都能够关心他人，替他人着想。文明的第一要义就在于共同生活的意愿。一个未开化的野蛮人是不会考虑他人的，野蛮就是离群索居的倾向。因此，野蛮的时代就是人类分散而居、老死不相往来的时代；是各个小群体滋生繁殖、相互隔绝、彼此敌对的时代。

在所有的政治形式中，最能体现人类追求共同生活之崇高意愿与努力的就是自由民主政体。它极致地表达了为邻人着想的美德，它是"间接行动"的典型。19世纪的自由主义是这样一种关于政治权利的原则：在它看来，公共政治权威尽管是强有力的，但它必须进行自我限制，甚至准备以牺牲自己为代价在它所统治的国家中为如下一些人留有空间，即那些在想法或感觉上与强者，也就是与大多数人不一致的人。在今天很值得我们追忆起，自由主义是宽容的最高形式；它是多数承认少数的权利，因此，它是我们这个星球上曾回响过的最崇高的呼声。它宣告了一种与敌人——哪怕是孱弱的敌人——共存的决心。认为人类应该达到如此崇高、如此精致，但又如此自相矛盾、如此有悖自然的境界，着实令人难以置信，所以，同一群人似乎又急欲除之而后快也就不足为奇了。这是一项过于错综复杂，因而难以在地球上扎根的原则。

让我们与敌人和平共处！与反对派共同统治！这样一种脆弱的美德难道不是正在变得不合时宜吗？再没有什么比如下这一事实更能清楚地表明我们这个时代的特征了，那就是只有很少的国家还允许反对派的存在。几乎在所有的国家里，一个同质化的大众正在公共政治生活中发挥着越来越重要的作用，他们压垮并摧毁每一个反对派。一旦看到大众那紧凑、麇集的外表，谁还会信任他们呢？他们并不想与那些异己阵营中的人共享生活，他们极度仇视、憎恨非我族类者。

注释

1 法朗士（Anatole France, 1844—1924），法国作家、评论家及讽刺家，曾获1921年诺贝尔文学奖。
2 工团主义（Syndicalism），一种激进的社会政治运动，主张通过直接行动,如大罢工和破坏行为等,实现工会联盟对生产和分配的控制,亦称工联主义。工团主义盛行于1900—1914年间的法国,并在西班牙、意大利、英国和拉美国家有相当影响。

3 这里引用了《堂·吉诃德》中的名句。——30年代英译本译注

第九章

野蛮主义与科技

再次指出这一点是非常重要的,那就是我们这里所分析的情境,亦即当前的情境,其本质是暧昧不清的,至今尚未明朗。因此,在本文一开始,我就认为当前时代的特征,尤其是大众的反叛这一现象的特征,表现出两种倾向,每一种倾向不仅容许而且要求我们做出双重的解释:一面是有利的,另一面则是不利的。这种模棱两可并不取决于我们的心理感受,相反,它根源于事实本身:不是说当前的情境从一种立场来看是好的,从另一种立场来看则是坏的,而是说它本身就包含着兴盛与衰亡的双重可能性。

本文无意构建一套系统的历史哲学,但毋庸置疑的是,我正在尝试以我自己的哲学信念为基石,建立一种历史哲学。我并不相信绝对的历史决定论(the absolute determinism of history),恰好相反,我相信,所有的生活包括历史生活，都由一个个纯粹的瞬间与片刻构成，其中每一个稍纵即逝的瞬间与片刻相对于前一个而言，都是不确定的；因此，在这些瞬间与片刻当中，现实显得犹疑不决、首鼠两端，面对诸多的可能性，它举棋不定，难以抉择。正是这种形而上的犹疑与踌躇使得一切生物都带上一种震颤不已的特征。[1]

实际上，大众的反叛既**可能**转化为一种崭新的、史无前例的人类组织结构，但也**可能**变成一场人类命运之旷世罕见的浩劫。无视进步的事实是不明智的，但我们必须修正"人类的进步是确定无疑的"这一观念，更接近事实的毋宁是：若没有"回转"和退化的威胁与刺激，就不会有必然的进步和发展。在历史中一切都是可能的，令人欢欣鼓舞的无限进步与变幻莫测的周期性衰退并行不悖。生活，无论是个人的还是群体的，私人的还是历史的，在浩瀚的宇宙中都属于同一个实体，而宇宙是险象环生、危机四伏的。因此，在严格意义上，生活就是一场戏剧。*

---

* 毫无疑问，很少有人会认真对待这些说法，甚至那些最有心的人也仅仅把它们看作譬喻——不管这个譬喻是多么贴切。个别读者可能会坦率地承认，自己还没有看透生活到底是什么，哪怕知道它不是什么也行；唯有他们才能领会这些说法的精义，唯有他们才能判断这些说法正确与否。其他人的观点几乎是众口一词，（下转）

在当今这样的"紧要关头"（moments of crisis），这一普遍真理显得尤为有力、真实。因此，在目前大众占支配地位的情形中出现的、我们以"直接行动"来概括的新型行为，其征兆很有**可能**预示着未来的完美与至善。显而易见，每一种古老的文明在演化过程中，其耗尽机能的组织以及坚硬如茧的重负会变成有毒的残渣，对生活构成障碍，并最终使之步履维艰。僵死的制度、尽管已经毫无意义但仍在发生作用的评判准则和价值标准、充满繁文缛节的应对措施、缺乏实质性内容的规范，所有这些都是文明和"间接行动"原有的组成要素，但它们现在需要经历一个急剧简化的阶段。浪漫时代普遍流行的高顶礼帽和长礼服如今已经被衬衫和便装所取代，这里，简化意味着健康和更高的品味，因而也就意味着更完美的解决途径。这正如我们通常所见到的，手段越为小巧，收获反而越多。就连浪漫式的爱情这棵大树（the

---

（上接）唯一的差别在于：有些人认为生活是一个灵魂的存在过程；有些人则认为生活就是一连串的化学反应。即使把我的整个思路概括为一句话，在那些冥顽闭塞的读者看来，我的观点仍然没有改进多少。我的概括是：只有在传记意义上，而非生物学意义上使用"生活"一词时，生活的根本要义才会显现。其最有力的理由是，任何一种生物学最后在传记中也仅仅是一个章节而已，在记载生物学家生活的传记中，它只能占一部分，其他所有的内容都经过了提取、想象和神化。

tree of romantic love），也亟须修剪整饬：有太多虚饰不实的木兰附着在它的枝头；杂乱无章的匍匐枝、盘旋藤以及曲折缠绕的衍生植物攀缘在它的树干上，遮住了阳光的照耀，挡开了雨露的滋润，这些赘疣之物必须统统剪除。

一般的公共生活尤其是政治生活，迫切需要回到现实，贴着地面行走。欧洲人如果不首先剥除伪饰的外衣，裸露其本质，返璞归真，那么，他们很难像乐观主义者期盼的那样，实现飞跃式的发展。为了给一个光明的未来扫除障碍，此种正本清源、回归真实自我的戒律乃是其不可或缺的，它亦使我对过去的一切事物主张一种完全的思想自由。未来必然胜于过去，我们对过去的态度取决于未来的秩序。*

但是，必须不惜一切代价避免19世纪的领袖们所犯下的严重错误：他们忽视了自己的责任，放松了警惕；他们在事件演化的滑坡上若无其事，漫不经心；他们对

---

* 因此，这种对待过去的自由态度并不是一种气急败坏的反叛；相反，它是每一个"批判时代"所必须承担的义务。即使我捍卫19世纪的自由主义，而反对肆无忌惮地攻击自由主义的大众，也并不意味着我摒弃了对待自由主义的充分的思想自由（即批评自由主义的自由——译注）。反之亦然，对于原始主义（primitivism），尽管本文着重强调了它最消极的方面，但在某种意义上，它又是每一种伟大历史进步之 sine qua non［必要条件］。参见数年前我在《生物学与教育学》[Biologia y Pedagogia，收入《观察者》，第3卷："悖谬的野蛮主义"（*La paradoja del salvajismo*）]一文中对这个问题的看法。

潜伏的危险——即使是在最为欢快的时刻它也不曾缓解——一无所知，也就是说，他们无力承担领导的使命，无法履行义务和职责。今天，亟须提倡一种具有夸张意义的责任感，以激发那些能感觉到它的人。强调当今时代之危险征兆已是迫在眉睫。

毫无疑问，如果让我们对当代公共生活中的诸多因素做一番权衡与考量，那么，我们就会发现，其中不利的因素远远超过有利的因素，尤其是当我们从它们对未来的预示与征兆来考虑，而不是从它们目前的状况来考虑的话，情况更是如此。

如今的生活在物质可能性上已经大大提高，但是，一旦面临欧洲命运中最可怕的难题，它们就有倾覆的危险。我再次指出：社会的方向已经被这样一群人所左右，他们对文明的法则视而不见，他们蔑视的不是此种文明或彼种文明的法则，而是迄今我们所能识别的一切文明的法则。当然，他们对麻醉剂、汽车以及诸如此类的东西还是饶有兴致的，不过，这只能进一步验证我的观点：他们对文明本身根本没有兴趣，因为它们仅仅是文明的产物，他们对这些东西的热衷只会使他们对其得以产生的原则更加漠不关心。如下这一事实就足以说明问题：自从 the nuove scienze，即自然科学诞生以来，亦即文艺复兴以降，人们对科学的热情日益高涨，经久不衰，更具体地说，投身于纯粹科学研究的人所占人口比例曾经一代高于一代。但是，这种情况在今天处于20岁到30岁的那一代人身上首次出现了倒退（我再次强调一下是相对意义上的倒退），吸引学生们走进实验室从事纯粹科学研究变得越来越困难了。与此同时，工业却达到其发展的高峰阶段，普通大众对于科学所创造的机械装置与医药用品产生了更多的需求。我们可以不厌其烦地说，类似的不协调同样也出现在政治、艺术、道德、宗教以及日常生活中。

这样一个悖论对我们来说到底有什么意义呢？本文试图对这个问题做出回答，它向我们表明：今天占主宰地位的是一群野蛮人，是一群崛起于文明世界的自然人（Naturmensch）。这个世界是文明的，但其居民却不是文明人：他们看不到周围世界的文明，却在运用它，就仿佛它是一种自然的力量。我们的新人希望得到自己的汽车，并尽情地享用，但他认为这只是伊甸园里哪棵树木上生长的自然之果。在他的灵魂深处，他从未意识到文明那几乎令人难以置信的人为本性，他也不会把对器具的热情转到造就了这些器具的原理上来。当我借用拉特瑙的话说，我们正在目睹一场"野蛮人的垂直入侵"时，有人可能会认为（一般人都这么认为）这只是一条"警句"罢了。现在，情况已经一目了然，它要么是一项真理，要么是一项谬误，但它绝不仅仅是一条简单的警句，而是一条正式的定义，它可以涵盖整个复杂的分析。当今之大众确实是一群野蛮人，一群从幕后登上文明这一古老舞台的野蛮人。

今天，关于科学技术已经取得惊人发展的言论不绝于耳；然而，在这些言论当中，即使是在最睿智的言论当中，我也没有发现多少涉及科技之未来的引人注目的认识。斯宾格勒确实是一位敏感而深刻的思想家，尽管他一直患有癫狂症；不过，在我看来他对这个问题也过于乐观了。因为，他相信继我们这个"文化"时代而来的将是一个"文明"的时代，而他所理解的"文明"首先是指技术的进步。斯宾格勒的"文化"观和历史观与本文所依据的观念之间相差不可以道里计，所以这里评论他的结论绝非易事，哪怕是出于修正的目的也是如此。因此，为了将我们的观点置于同一种尺度之下以显示二者之间的差异，只能取其荦荦大端，简而化之地比较一下。[2]

斯宾格勒相信，即使对文化所依据的诸种原则之兴趣已经消失殆尽，技术依然可以独立发展，我对此委实不敢苟同：技术与科学是互为表里的，当科学不再关注其自身的纯粹状态时，它将不复存在；而除非人们对于文化之一般原则继续保持热情，否则这种关注也不会持久。一旦对纯粹科学的热情走向死寂——目前的情况似乎正是如此——那么技术不久也将寿终正寝，即使它还能苟延残喘一阵子，所依靠的也仅仅是文化动力的惯性。

我们与技术上的需求同生共存,但并不依赖它们而生存。技术既不能为自己提供养料与空气,也不能构成 causae sui [自己的原因];它不过是过剩的、非实用的行为所产生的一种有益的、实用的沉淀物罢了。*

现在,我继续表明我的观点:出于实用目的而对科技产生的兴趣,非但不能保证科技成果的进步与维持,反倒可能使之倒退。认为技术主义是"现代文化"典型特征之一的看法是极其正确的,因为这种文化包含了一种在物质上富有成果的科学。所以,在描述19世纪所孕育的生活之最新面貌时,我感到只有自由民主政体和技术主义才是真正崭新的特征 †。但我必须再次强调,我对此种情况异常惊讶,那就是当我们说到技术时,竟然忘记了技术的关键内核是纯粹科学,而技术得以持续发展的条件和纯粹科学得以繁荣兴盛的条件是水乳交融的。

---

* 因此,在我看来,以"技术主义"来定义美国显然是毫无意义的。给欧洲人心智带来最大困惑的事物之一就是人们对美国做出的一大堆幼稚的评论,甚至连最有文化的人也倾向于此。这是一个特殊的例子,它可以说明,在当前问题的复杂性与当代人处理问题的心智能力之间存在着严重的不平衡。

† 自由民主政体与技术这两者之间是相互包容的,以至于当其中一方缺失时,另一方几乎无法想象;应该用一个一般性的名称来为它们共同命名,这样的名称同时也将使上一个世纪及其以前的世纪获得一个名副其实的称呼。(30年代英译本没有这个脚注,根据80年代英译本译出。——译注)

我们有没有认真考虑过这样一个问题：为了保证真正的"科学人"（men of science）得以继续存在，人类的心灵与大脑需要具备哪些前提条件呢？难道我们真的相信只要有金钱，就会有科学？许多人对此深信不疑，这一事实恰恰为野蛮主义提供了进一步的证据。

想想看，把若干在本质上各不相同的原料搅和在一起，猛烈地摇动，通过这种方法调制出来的一杯物理－化学鸡尾酒会是什么味道？对这个问题，即使是最草率的考察也可以再清楚不过地看到：从空间和时间两个方面来说，物理学和化学的形成与最初确立仅仅局限在由伦敦、柏林、维也纳和巴黎这四个地方所围成的小方块内，而且也只限于19世纪。这充分表明，实验科学（experimental science）是人类历史上最来之不易的成就之一，预言家、神父、武士和牧人在任何时代、任何地方都数不胜数，但要造就这样一群具有实验精神的人，显然需要诸多天造地设的巧合，这恐怕比孕育独角兽的环境还要罕见。如此显白、清晰的事实足以激发我们对科学灵感之极易挥发、升腾的特性做出一些反省。* 有些

---

* 我们这里没有必要论及更深刻、更内在的问题，因为，今天就连大多数科学研究者自己，都丝毫没有意识到，科学正在面临非常严重的、致命的内部危机。

人相信即使科学在欧洲消失了,美国人也会独自继续经营它,就让我们祝福这些人吧!

对这个问题进行全面彻底的研究,并详细分析对于实验科学之发展及其技术成果来说至关重要的历史前提,是非常有价值的。但即使这个问题得到澄清,我们也不要指望大众会理解它。大众是不会把注意力放到推理上来的,他们只能从自己的亲身感受中学到些什么东西。

有一项事实让我对这样的说教放弃了幻想,那就是建立在理性基础上的论证必然是精微而深奥的。在现有条件下,如果不对他们进行宣传教育,就指望普通大众对这些科学以及生物学的相关科学产生自发的、如火般的热情,难道不是极其荒谬的吗?只要看一看现实情况是什么样,你就会明了:毋庸置疑,文化的其他一切要素,比如政治学、艺术、社会准则以及道德本身,等等,都已经问题重重,危机四伏;只有一项要素,其巨大的效能还在日益增加,它给大众留下的印象极为深刻,那就是经验科学。它每天都在为普通大众制造新的发明,供其使用;每天都在为普通大众生产新的麻醉剂或疫苗,使之受惠。每一个人都知道,只要科学的灵感不枯竭,实验室若能三倍或十倍地扩建,那么财富、舒适、健康、繁荣就会自生自发地大量增加。还能想象出有比这更颠扑不破、更具说服力的宣传可以支持这项生机勃勃的原则吗？然而，令人奇怪的是，丝毫没有迹象表明，大众为了赋予科学更高的价值而投入更多的资金与精力，这又是为何？情况恰好相反：第一次世界大战以来的这段时期里，从事纯粹科学研究的人反而沦落为一个新的社会下等阶层。需要指出的是，我这里所说的是物理学家、化学家和生物学家，而非哲学家。哲学并不需要大众的呵护、关注、同情和垂怜；它坚守着自己无用之用的本性，*从而可以摆脱一切对平庸者的阿谀献媚。哲学承认自己在本质上是令人困思的，并欣然地接受它那自由的命运，宛若一只无拘无束、欢快飞翔的鸟儿，它无须向任何人请示什么，也不必邀宠或是防备于人。如果它果真对什么人有所助益，那也仅仅是从人类情感之共鸣和同情中获得的愉悦；但它的生命力绝不在于施惠他人，它对此既不奢望也不渴慕。假如一项事物在其肇始阶段就怀疑自身的存在，假如它唯一的生存尺度就是自我否定、自我取消，那么它怎么还能期望一般人会认真对待

---

* 参见亚里士多德：《形而上学》，893a 10。（原注有误，国际标准版中 893a 10 部分并不是《形而上学》的内容，似应为 983a 10："一切科学都比它更为必要，但却没有一种科学比它更为高尚"，引自苗力田主编《亚里士多德全集》，卷七，第 32 页，中国人民大学出版社，1993 年。——译注）

它呢？因此，让我们先把哲学放在一边吧，它属于另一种形态的冒险。[3]但是，实验科学则不然，它需要大众的合作与支持；反之亦是如此，大众一刻也离不开实验科学，否则将分崩离析：假如这个星球没有了物理学和化学，它根本就无法维持目前这么多人口。

还有什么支持科学论据能比汽车和医药品更为有力呢？汽车使大众可以来去自如；医药品则极大地消除了他们的痛苦。科学给人类带来的持久而明显的福祉，比起人类对科学所显示的兴趣和热情来，是何等的不成比例！面对这种情形，我们实在无法抱有任何虚幻的希望和企盼：他们的所作所为纯粹就是野蛮主义！**尤其是，正如我们所看到的，对待科学的这种弃之如敝屣的冷漠态度，竟然在技术人员——医生、工程师等——自己身上也暴露无遗。**他们在从事这些职业时惯常表现出的心智状态，与那些心安理得地使用汽车或购买阿司匹林的人在本质上毫无二致：他们对于科学与文明之将来命运全然没有任何关切之情。

或许让有些人感到更为忧虑、烦恼的是新兴之野蛮主义的其他一些征兆，因为它们在性质上是积极的，是行动的结果而非盲目短视的产物；它们更加引人注目，更加生动逼真。但就我自己而言，普通大众受益于科学的与他们回报于科学的——或者不如说是忘恩负义——

二者之间的不相称，才是更为可怕的。*只要看到，今天连中部非洲的黑人也可以神气活现地驾驶汽车，服用阿司匹林，那么，对科学的这种漠视态度已经达到什么程度，就可想而知了。因此，依我的假设来看，那些即将走向统治地位的欧洲人应该是**与他所由出生的复杂文明血肉相连的人**，而不是一个原始人，一个通过天窗登上历史舞台的野蛮人，一个"横冲直撞的入侵者"。

注释

1 奥尔特加的历史哲学主要体现在他的《历史是一个体系》一书中，他的基本观点是："人没有本性而只有历史"；"历史是一个体系，是以一条单一的、不可抗拒的锁链联系在一起的人类经验的体系"。参见何兆武《历史理性的重建》一文。

2 斯宾格勒的文化观参见《西方的没落》第一卷，第1章（商务版《西方的没落》中译本没有译出第一卷；可参见陈晓林的中译本，黑龙

---

* 社会的病态与畸形由于这一事实而急剧增加，正如我已经指出的，文化的其他所有重大原则，政治、法律、艺术、道德和宗教无一不正在经历一场危机，至少已经暂时垮台了。唯一躲过此劫的就是科学，它非但没有垮台，反而每天都在以惊人的速度贡献成果，甚至已经超过了它原有的许诺。因此，它的重要性是无与伦比的，我们没有理由认为普通大众是因为对其他的文化要素抱有过分热情，而导致对科学的忽视，他们的行为是不可原谅的。

江教育出版社,1988年);奥尔特加对文化及其与科学的关系的看法,参见《大学的使命》第五章。
3 奥尔特加对哲学的看法,参见其《什么是哲学》一书。

第十章

野蛮主义与历史

自然总是与我们相伴相随,但它是自给自足的。在大自然的森林中,我们可以做无拘无束的野蛮人;要是没有文明人的出现给我们带来威胁,我们可以一直这样无忧无虑地生活下去。不过,从原则上讲,永远做一个野蛮人是可能的,而且确实存在这样的野蛮人,布莱西格[1]曾经称他们为"永久地驻足于晨曦中的民族",他们滞留在一个静止的、冻结的黎明中,永远无法过渡到正午。

这种情况只能发生在纯粹的自然世界中,而不会出现在我们这个文明世界里。文明并不是"恰好就在那里的"(just there),它不可能是自给自足、不假于外的;相反,它是人为的,它需要艺术家或者能工巧匠们的不懈努力。如果你想得到文明的果实,却又不打算栽培、养育它——那你就是在自欺欺人:你会在刹那间发现文明已经弃你而去；再过片刻，你就会发现自己周围的一切都已经化为乌有。犹如掩盖着大自然的帘幕一下子被揭开，原始森林将以其天然的状态复现在你的面前。[2] 丛林与沼泽总是原始的、蛮荒的，反之亦然，一切原始蛮荒之地都是丛林密布，沼泽遍野。

每一个时代的浪漫传奇都充斥着暴力的场景，白种妇女遭到自然造物或是野蛮人的强暴；它们被描绘为勒达与天鹅、帕西芬与公牛、安提俄珀与山羊的故事。[3] 在一般层面上，当我们面对废墟时，我们所看到的则是一幅更为粗野蛮横的景象：自然生长的灌木杂草之下，掩埋着文化造就的几何形的碑石。当你的目光触及一栋建筑时，你那细腻的罗曼蒂克情怀首先感受到的是它耸立于檐口与屋顶的琉璃色飞檐（hedge-mustard），这正表明，任何事物最终都难免化为一抔黄土，丛林灌木将再次覆盖一切。嘲笑罗曼蒂克情怀是愚蠢的，因为它也是正当的。在这些天真而乖张的想象背后，潜藏着一个重大的、永恒的问题：文明与构成其根基的自然之间的关系，亦即理性事物与宇宙事物之间的关系。因此，我将保留在另一场合处理这个主题的权利；在适宜的时候，没准我自己也会发一发怀古幽思之情怀呢。

但是，现在我必须从事一项与此相反的任务，那就是遏制正在大肆泛滥的丛林与沼泽。"善良的欧洲人"目前所必须应付的棘手难题，非常类似于已经引起澳大利亚联邦政府高度关注的一个问题：如何防止带刺的梨树铺天盖地地滋生蔓延，免得到时候它们把人都赶到大海里去。大约是在19世纪40年代，一个地中海移民出于对故土——马拉加（Malaga）或是西西里（Sicily）？——风情的留恋，随身带了一罐其貌不扬的带刺小果梨来到澳大利亚。几十年后的今天，这种梨树已经遍布整个澳洲，并且正在以每年超过一平方公里的速度扩张。与这种梨树做斗争所承担的费用，已经让澳大利亚政府不堪重负。

今天，大众相信他们所由出生的、并正在使用的文明，就和大自然一样，是自生自发、自给自足的，ipso facto［在这个意义上］，他们已经退化为原始人；文明在他们看来就像是一座森林。这一点我在前面已经说过，现在我必须更加具体地阐述它。

对于当今的普通大众而言，文明世界——这是我们必须努力加以维持的世界——赖以为基础的那些原则已经完全不存在了。他们对基本的文化价值没有一点兴趣，因而也就谈不上与之休戚与共的感情了，更不会准备为它们贡献些什么。这种情况是怎么造成的呢？原因有很多，我这里只想强调其中的一点。

随着文明的日益发展，它变得越来越复杂，越来越难以理解。今天,文明摆在我们面前的问题尤为错综复杂,然而,另一方面,在心智上能够解决这些问题的人却越来越少。战后这段时期为这一现象提供了一个显著的例子,战后欧洲的重建——诚如我们看到的——确实是一项过于繁杂的事务,以至于一般的欧洲人对此显得有些力不从心,回天乏术。这并不是因为缺少解决问题的方案,而是因为缺乏发现这些方案的大脑,或者毋宁说,多少还是有一些明智清醒的大脑的,只不过欧洲的普通大众不愿意把这些大脑安置在自己的肩膀上而已。

如果不尽快找到一个补救的办法,问题的纷繁复杂与人类的心智能力之间的不平衡将愈来愈严重,并构成我们文明的主要悲剧。正是由于其发展原则的多产性和确定性,文明所创造的物质成果无论是在数量上还是在品质上,都在日益增加和提高,其结果已经超出了一般人的接受能力。我认为过去从来没有出现过这种情况,以前的一切文明都因为维系它们的原则之不足而湮灭;当前的欧洲文明却由于相反的原因而面临危机。古希腊和罗马的衰亡并不是因为其子民的无能,而是因为其原则的枯竭;罗马帝国的崩溃肇始于技术的匮乏,当它的人口迅速膨胀,达到一个庞大的数字时,就需要技术提供某些物质手段来解决问题,一旦技术跟不上,古代世界就开始走向一个回转、倒退与衰亡的连锁过程。

但是，今天导致文明出现危机的却是人，因为他无法与自己文明的发展齐头并进。每当听到一些较有文化素养的人谈起当前的基本难题时，真让人叫苦不迭，他们看起来就像一群粗野的农夫，在试图用他们粗糙、笨拙的手指从桌面上捡起一根绣花针。譬如，他们在处理政治和社会问题时所使用的思维工具，居然还和二百年前一样简陋，殊不知现在的情况比起那时候来要复杂上二百倍！

先进的文明与艰难的问题完全是一回事，因此，文明的进步越显著，它的处境就越危险。生活总是在变得愈来愈美好，但显然也在变得越来越复杂；当然，随着问题复杂程度的加深，解决问题的手段也就愈加完善，但新一代的人必须掌握这些改善了的手段。具体地说，在这些手段当中有一种手段与文明的进步最为密切相关，它背负着大量的传统与经验，那就是：历史。就保存与发展现有的先进文明而言，历史知识是第一流的技术，这不是因为它可以为生活环境的崭新层面提供积极的解决办法——现在的生活总是不同于过去；而是因为它可以防止我们重蹈覆辙。但是，如果一个人除非等到自己在饱经沧桑之后，才开始发现生活原来是如此艰难，舍此之外再也没有别的办法可以帮助他保留对过去的记忆，并从经验中获取教训的话，那么，一切都将无济于事。

我确信这正是欧洲目前的处境。今天最有"文化教养"的欧洲人对历史也是惊人地无知，我相信当代欧洲国家的领导人所具备的历史知识，比起18世纪，乃至17世纪的领导人来，要贫乏得多。这些时代的统治精英们——sensu lato［宽泛意义上］的"统治"——拥有的历史知识，使得19世纪的巨大进步成为可能。他们在18世纪提出了一系列的理论和政策，其目的就是要避免先前时代在政治上所犯的错误，他们的理论和政策是根据这些错误所提供的经验来构想的，并且在内容上涵盖了人类整个的经验范围。但19世纪，人们就已经开始丢弃"历史文化"（historic culture），尽管在这个世纪里，历史学作为一门科学取得了显著的进展。* 19世纪的这一重大失误，是今天压负在我们身上的众多难题的根源。自19世纪末叶以来——尽管其时人们尚未觉察——欧洲就已经开始向野蛮主义回转、倒退，也就是向人类的混沌状态与原始状态倒退，他们丧失了过去，或是说遗忘了过去。

因此，极权主义与法西斯主义，当前在欧洲及其周边地区出现的这两种"新"的政治冒险，可以看作是这种实质性倒退的典型例证。孤立地来看，它们学说中的

---

* 这里我们可以瞥见一种区分，即一个既定阶段的科学状态与其文化状态之间的区分，我们不久就要涉及这个问题。

某些积极成分包含着部分的真理，但这个世界上哪有什么事物没有一点真理性呢？说它们是倒退的，其根源就在于它们以反历史的、错置时代感的方式对待自己学说中的那一点理性要素。和所有的群众运动一样，它们的领导人都是些平庸之辈，他们被推上历史舞台完全出于偶然，因此，他们不但缺乏对历史的记忆，而且缺乏一种"历史的良知"（historic conscience）。在这些运动的一开始，它们的领导人就犹如历史的遗子：尽管他们生活在当代，却全然属于一个过去的时代。

这不是一个信不信仰某种主义的问题，我在这里不想讨论他们的信条。真正让人难以置信的是，持这种主义者竟然在一战末发动了一场错置时代感的革命，这场革命在形式上和过去的所有革命没什么两样。在这场革命中我们看不到它对以前革命中出现的缺点和错误有任何的，哪怕是一丁点的修正和改善。因此，其所发生的一切对历史毫无教益可言；严格说来，它绝非人类生活的一个全新开端，恰恰相反，它不过是人类之永恒革命的一次单调重复罢了。对于革命，人类实践已经积累了大量的经验，然而不幸的是，极权主义革命非但没有从中吸取任何教训，反而再次上演了那些悲剧："革命会吞噬自己的儿女"；"革命往往肇始于一个温和的派别，继之而起的则是极端主义者，不久又开始出现某种形式的复辟"等等。[4] 在这些弥足珍贵的老生常谈中,或许还可以加上另一些虽然不是广为人知却十分灵验的真理,其中之一就是:一场革命的持续不会超过十五年,这一周期恰好与一代人鼎盛的时间相吻合。*

无论是谁,如若真想创造一个新的社会或政治实体,那么他必须首先确保如下一点:他所促成的事态、境遇将使人类历史经验中那些最普通的常识归于无效。在我看来,所谓"政治天才"就是指这样一些政治家:他们一旦行动起来,我们学院里的那些历史学教授们就会变得目瞪口呆,因为,他们将看到自己学科中的所有"规律"都被这些人的行动所打断,化为齑粉和尘埃。[5]

如果把极权主义的标签换为法西斯主义,我们可以得出同样的结论。无论是极权主义,还是法西斯主义,这两种尝试都没有达到"我们时代的高度",因为它们没

---

* 一代大约可以持续三十年,但它的活动又可分为两个阶段,表现为两种形式:大约在它的前十五年中,新一代的人宣扬着自己的思想观念、偏好和品味,这些东西最后占据了统治地位,并支配着它后面的十五年;但是,在它卵翼之下的另一代人又已经开始形成新的思想观念、偏好和品味,并开始传播。如果占统治地位的一代人的思想观念、偏好和品味是激进主义的、革命的,那么新的一代人往往是反激进主义的、反革命的,也就是说,在精神实质上是复辟的。当然,不应该把复辟简单地理解为"回到过去的道路上",没有一种复辟可以真正回到过去的道路上。

有能够通过透视法（foreshortening）再现整个过去的缩影，而这正是改善过去的基本条件。通过正面交锋与过去作战是不可能的，未来只有把过去囫囵地吞噬下去才能征服它，如有任何遗漏，未来就是失败的。

极权主义与法西斯主义都是虚幻的黎明，它们带来的不是崭新一天的破晓，而是又一个陈旧时日的轮回：它们是纯粹的原始主义。和所有类似的运动一样，它们不去积极地消化吸收过去的经验和教训，而只能陷入一场以过去的某些传统为对手的愚蠢搏击中。

毫无疑问，19世纪的自由主义必须被超越，但这完全不是法西斯主义之类宣称自己是反自由主义的运动所能做到的。因为，自由主义产生之前的人们才是反自由主义的或非自由主义的；自由主义一旦战胜了对手，它要么是继续自己的胜利时刻，要么是与它的对手在欧洲的毁灭中玉石俱焚、同归于尽。生命的年轮是无情的：自由主义晚出于反自由主义，这就意味着后来者居上，它将比反自由主义更富有生机活力，就像枪炮比长矛更具威力一样。

乍一看，一种"反对某事物"的态度似乎是后于这一事物本身的，因为反对就意味着对这件事物的反动，所以它必须以这一事物的预先存在为前提。但是，"反对"（anti）所代表的改革与创新很快就会蜕变为一种空泛的否定态度，唯一还保留肯定意义的就是"古董"（antique）。如果把否定的态度转换成肯定的语言，我们就会看到，当某人宣称自己"反对彼得"的时候，他无非是在宣布自己支持一个并不存在彼得的世界而已，然而，这正是彼得尚未出生之前的世界的状态。这个宣称反对彼得的人，并没有把自己置于彼得之后，反倒使自己先于他而存在；他把整部影片回放到过去的场景，最后彼得必然会再度出现。发生在这些简单的反对者身上的事情就如同一则关于孔夫子（Confucius）的传说，孔夫子自然要比他的父亲出生得晚，可是他出生的时候已经八十岁了，而他的父亲才三十岁！[6] 任何反对的口号不过是一个简单、空洞的"不"罢了。

要是只消说一个"不"，我们就可以把过去一笔勾销，那将是再好不过的一件事了。然而，过去在本质上是一个挥之不去的幽灵，哪怕你暂时躲过了它，它也必然会再度出现。因此，彻底摆脱过去的唯一办法就是接受它的存在，而不是躲避它；你必须认真地对待过去，重视过去，才能超越过去。总而言之，你必须带着一种对历史环境的强烈意识，生活在"我们这个时代的高度"。

传统自有其存在的理由与权利。如果这种理由和权利得不到承认，它就会要求归还这种理由和权利。自由主义也有自己的理由和权利，而且必须承认它的理由和权利是 per saecula saeculorum［永远都存在的］。当然，自由主义并不是整个理由和权利，自由主义那些不合理的成分必须摒弃。欧洲需要保留其基本的自由主义，这是超越自由主义的必要条件。

我这里谈到法西斯主义与极权主义时，采取的是间接迂回的方式，才仅仅涉及它们错置时代感的方面。在我看来，它们的这一特征与今天那些不可一世的胜利者们是密不可分的，因为，今天以胜利者的姿态出现在历史舞台上的正是大众，只有他们所构想的那些洋溢着原始风格的方案，才会取得显著的胜利。但是，除此之外，我目前并不打算讨论这两个运动的本质，同样，我也不奢望解决革命与进化之间的永恒难题。这篇文章充其量敢于肯定革命或进化是历史的，而非错置时代感的。

我在这些篇章中所探讨的主题在政治上是中立的，因为它超越了政治及其争论，视野更为宽广。无论是保守派还是激进派都是大众，他们之间的分歧在任何时期都是表面的，它丝毫没有妨碍他们成为同一种类型人：反叛的普通大众。

除非把欧洲的命运托付给真正的"现代人"，否则欧洲绝无希望可言：只有他们才能感受到历史跳动的脉搏，才能认识到当前"时代的高度"，才能抵制古老的、原始的态度。我们需要全部的历史，但不是退回到过去，而是要看一看我们能否挣脱它的束缚，走向未来。

注释

1 布莱西格（Kurt Breysig，1866—1940），德国历史哲学家。
2 举世闻名的柏林墙之间的隔离地带就一度出现过原始生态景观，或许可以作为一个佐证吧。
3 这里所列举的都是希腊神话中的故事：勒达（Leda），斯巴达王廷达瑞俄斯之妻，与化为天鹅的宙斯生下海伦和波吕丢刻斯；帕西芬（Pasiphae），克里特王弥诺斯之妻，与海神波塞冬送来的一头白色公牛生下半人半牛的怪物弥诺陶斯；安提俄珀（Antiope），底比斯公主，与化为羊人的宙斯生下安菲翁和仄特斯。
4 "革命像萨图恩（罗马神话中的农神）一样，正在把自己的儿子一个一个吞食掉！"这是法国大革命时期吉伦特派领袖维尼奥在一次演讲中的名言；文中的革命演化机制亦可以法国大革命为典型代表。
5 参见奥尔特加在《堂·吉诃德沉思录》中的说法："一些人不愿满足现状，他们要改变事物的规律，逆传统的习惯势力而行，我们称他们为英雄，他们为掌握自己的命运所表现出来的意志就是英雄主义。"
6 奥尔特加这里显然是弄错了，中国古籍中只有孔子的父亲叔梁纥与孔子的母亲颜征在年龄上相差50岁的传说。

第十一章

志得意满的时代

继续我们的主题,这里所分析的是这样一种崭新的社会现象,那就是欧洲在其历史上第一次将自己托付给如前所述的普通人,由他们来决定自己的命运;或者转换成主动语态说,迄今一直依赖他人引导的普通大众,现在却决定要越俎代庖,自己统治这个世界。这种新型的人类一旦出现,马上就臻于成熟,他意欲登上社会舞台之前场的决心随即自动产生。仅从公共生活的角度来看,这种新型"大众人"的心理结构可以描述如下:(1)他持有一种与生俱来的、根深蒂固的印象:生活应该是舒适安逸的、充裕富饶的、没有任何重大限制的;因此,每一个普通人都会产生一种权力与成功的感觉。(2)此种感觉使得他满足于自己现有的状态,并认为自己在道德和智力资质上是优秀的、完美的。这种志得意满导致他封闭自我，拒绝外部的权威；不愿意倾听他人，规避将自己的意见提交判断，甚至无视他人的存在。他内心深处的那种大权在握的感觉促使他时刻突出自己的优越，所以，他的言谈举止表现得就好像这个世界上只有他自己及其同类存在似的。（3）于是乎他将插手干预一切事务，强制推行他那粗俗鄙陋的观点，无须尊重、考虑他人的看法；为所欲为，毫无保留，也就是说，他的干预将采取"直接行动"的方式。

正是这一系列的特征让我们想起某些不健全的人群，比如被宠坏的孩子、反叛的原始人——也就是野蛮人。（另一方面，正常的原始人却是我们所知的最驯服的人群，他们服从于一切外在的权威，无论是宗教、禁忌、社会传统，还是风俗习惯。）大家不必对我把这么多贬抑之辞加在这种类型的人身上而感到惊讶，目前本文仅仅是针对此种洋洋自得之胜利者的一次初步进攻，它表明，面对大众意欲实施暴政的企图，一部分欧洲人士必将采取积极的行动，鸣鼓而攻之。这暂时还是一场小规模的冲突，正面进攻（frontal attack）即将到来，或许一触即发，当然，它将采取与本文截然不同的方式进行。正面进攻的方式必须是"大众人"所防不胜防的，即使从他眼皮底下走过，他也不会怀疑这正是将对自己构成致命一击的正面进攻。

这种类型的人在当今时代几乎随处可见；他在到处强加自己精神上的野蛮主义：事实上，他是人类历史所宠坏的孩子。这个宠坏的孩子之行径仅仅是一个继承人，除了继承遗产之外，他一无所能，而他所继承的遗产正是文明，包括文明所带来的一切便捷、安全，概言之，包括文明所带来的一切好处。正如我们已经看到的，只有在一个舒适安逸的环境中，譬如在我们当前的文明所产生的环境中，才可能出现这种类型的人；在这样一种文明的条件下，具备上述一系列特征的大众人应运而生。它是人类物质生活奢侈与过度的诸多畸形后果之一。

我们很容易被这样的想法所欺骗：生活在一个富足的世界中，远比生活在一个需要不断与匮乏做斗争的世界中更美好。这是一个幻觉，事实并非如此，其原因具有一种非常严谨、非常根本的性质，这里容不得我们进一步详细论述。就目前来说，我们只要回想起如下这一事实就足够了：任何一种世袭贵族制都摆脱不了循环起落的永恒悲剧。也就是说，贵族的继承人将发现他所拥有的那些身份、地位以及生活条件，其中没有一样是他自己所创造或挣得的，因此，它们无法构成他个人生命中的有机组成部分。甫一降生，他就发现自己突然被莫名其妙地置于财富和特权之中。从他自身来说，这些东西与他毫不相干，因为它们并非得自他本人；这些财富和特权仅仅是其他人,也就他的先人的巨型铠甲,他不得不以一个继承人的身份而生活,也就是说,他不得不穿着另一个人的服饰而生活。这能给我们带来什么启示呢?由继承得来的"贵族"名号会给他带来什么样的生活呢?是他自己的生活,还是另一个人,即他那高贵祖先的生活?两者都不是!他注定要**扮演**他人,因而也就既无法成为他人,也无法成为他自己。他的生活将不可避免地失去真实,转变为他人生活的一种纯粹象征或幻影。他被迫利用的那些庞大资源容不得他过自己的生活,把握自己的命运:他的生命在萎缩、衰退。**一切的生活都意味着为实现自我而奋斗、努力。**(All life is the struggle, the effort to be itself.)

一个人在实现自我的过程中所遇到的那些艰难困苦,恰恰唤醒并激发了他的活力与才能:倘若没有他的躯体承载在他的身上,他将寸步难行;倘若没有空气负压着他,他就会感到自己的身体仿佛悬浮在真空中,飘来荡去,游移不定,缺乏根基。同样的道理,对那些继承的"贵族"来说,他的整个存在、他的个性将由于缺乏实际的运用和必要的努力,而变得暧昧、模糊。其结果就造成了"我们古老贵族"所特有的愚蠢,这种愚蠢与众不同,严格说来,它内在的悲剧性机制至今尚未被描述,而正是这种悲剧性机制导致一切世袭贵族制都要走向无可挽回的没落。

我们说了这么多仅仅是为了拒斥这样一个幼稚的信念：生活资源的富足和过剩有利于人的生存。事实恰恰相反：一个在可能性上过于富足*的世界会自生自发地造就畸形的、品性不端的人类生活形态，它或许可以统称为"继承人"（the heir-man）。同宠坏的孩子一样，"贵族阶级"只是其中的一个特例；而我们这个时代的大众人则是一个更充分、更完备的"继承人"。任何时代、任何地方的"贵族"都会表现出某些共同的特征，我们很容易就可以发现这些特征在今天的大众人身上再次出现。比如，对各种占据其人生大半时间的游戏和运动的喜好；注重身体的保养——养生术——和外表仪容的修饰；在与妇女的交往中缺乏罗曼蒂克情怀；表面上乐于交游知识分子，但实际上打心眼里蔑视他们，不时地指使其奴仆或雇佣暴徒惩罚他们；他宁愿生活在一个绝对权威的

---

* 生活资源的增加，乃至充裕当然不应该与过剩相混淆。在19世纪的时候，生活上的便利设施就已经急剧增加，由此导致生活——无论在数量上还是在质量上——的惊人发展，我在前面已经指出了这一点。但目前的情况却是，与普通人的能力相比，这个文明的世界已经显得太富足、太奢侈，盈余过剩了。举一个简单的例子：似乎与进步（也就是，生活便利的不断提高）同步增长的安全感仅仅导致了一般民众的道德腐化，激发他产生出一种错误的、邪恶的并且在日渐萎缩的自信。

支配之下,而不是一个自由讨论的体制之下,等等。*

因此,我不厌其烦地强调:此种充满各种不文明倾向的人、新近出现的野蛮人乃是现代文明自生自发的产物,尤其是19世纪所采取的那种文明形式的产物。他既不像公元5世纪那些"伟大的白色人种之蛮族"[1]一样,是从外部闯进文明世界的;也不像亚里士多德所说的"池塘里的蝌蚪"[2],是文明世界自身神秘的后裔;实际上,他完全是文明世界的自然产物。我们可以确立如下一条已经为古生物学和生物地理学所证实的规律:只有当其可利用的资源与其所面临的难题达到一种平衡时,人类的生活才会形成与拓展;不仅在物质层面是这样,而且在精神层面也是如此。譬如,以人类物质生存中一个非常

---

* 和其他许多方面一样,英国的贵族阶级似乎在这一问题上也是个例外;但只要我们简单地回顾一下英国的历史就会发现,即使是这个非常值得钦佩的例外也能证实我们上述的规律。与通常的说法恰好相反,英国的贵族其实是欧洲最不"过剩的",他们的处境比其他国家的贵族更为险恶。正是因为他们总是生活在险恶的环境中,他们才为自己赢得了普遍的尊敬,这意味着他们必须时刻保持警惕,在险境中能够独当一面。人们常常忘记一个基本的事实,那就是直到18世纪的时候,英国依旧是西欧最贫弱的国家,正是这一事实挽救了英国的贵族。由于生活资源的匮乏,他们不得不很早就开始从事工商业活动——欧陆国家的贵族对此往往不屑一顾,也就是说英国的贵族很快就决心经营一种富有创造性的经济生活,而不是仅仅依赖特权过活。

具体的方面为例：我们或许会想到人类最初得以繁衍生息的地方，恰恰就是我们这个星球上炎热季节与酷寒季节交替互补的地区。在热带地区，人的身体容易退化；反过来，劣等的种族——比如，俾格米人[3]——往往被那些晚于他们出现，但进化程度超过他们的种族，驱逐到热带地区。*

因此，产生于19世纪的现代文明具有这样一种特征：它使得普通人占据一个富足过剩的世界成为可能；他们感到自己可以任意支配诸多取之不尽、用之不竭的生活资源，而对与之相关的努力和劳苦却全然不曾觉察。他们发现自己置身其间的世界布满了前所未有的设施、疗效极好的药物、提供各种福利的政府以及充分的自由和权利。但另一方面，他们却忽视了一点，那就是发明和创造这些设施与药物以及确保它们将来的生产，是多么的困难，需要怎样的努力；他们也没有意识到国家组织是何等脆弱、不稳固；对于自己的义务和职责，他们更是很少关心。这种平衡的缺失扭曲了他们的本性，削弱了他们存在的根基，致使他们与生活的真谛失之交臂：生活在本质上乃是一种疑问多多、绝对危险的情境。在

---

* 参见奥尔布里希特（Olbricht）:《气候与进化》（*Klima und Entwicklung*, 1923）。

各式各样的人当中，与人类生活最相背离的类型就是"志得意满的人"（the self-satisfied man），已经长大了的宠坏的孩子。一旦这种人占据了主导地位，警钟就应该敲响，因为它预示着人性正面临着退化——也就是相对死亡——的威胁。以此观之，欧洲今天普通人的生活水平线高于过去的任何一个时代，但是，如果我们展望未来，我们不能不对此感到忧虑：它非但不能达到一个更高的水平或是维持现有水平，反而极有可能倒退，跌落至更低的水平线上。

我想，这已经足够让我们认清那些"志得意满的人"所表现出来的极端畸形了，他是一种自以为在生活中可以"随心所欲"的人；事实上，这正是一个 fils de famille ［大家族子弟］常常具有的幻觉。个中缘由我们不难找到：在家庭的圈子里，一切行为，哪怕是最恶劣的过错最后都可以免于惩罚。家庭的圈子，相对来说是虚假的，它可以容忍、放纵许多行为，这些行为如若发生在社会上、外面的世界中，将不可避免地给其带来灾难性后果。然而，这种类型的人却以为在外面可以像在家里一样，为所欲为；相信没有什么事情是致命的、无可挽回的、不能改变的。这就是他为什么会认为自己可以随心所欲的原因。[4] 这是一个极为严重的错误！犹如一则葡萄牙故事中一只鹦鹉所说："你要去你应该去的地方。"这并不是说一个人**不应该**做自己喜欢做的事情；而仅仅是说一个人只能做他**不得不**做的事情，成为他**不得不**成为的样子。唯一的出路就是拒绝去做那些本来不得不做的事情，但这也不能让我们自由地去做我们所喜欢做的事情。在这个问题上，我们仅仅拥有一种否定的意志自由（a negative freedom of will, a noluntas）。我们自信可以逃避自己真实的命运，但其结果却只能是使自己在命运的泥淖里越陷越深。对于我们当中每一个人的具体命运，我们是无法预知的；但预见其中的某些部分、某些方面却是可能的，因为他的命运必然与其他人的命运有相似之处。比如，当代的每一个欧洲人都知道今天的欧洲人，无论是自己还是其他人都**必须**是一个自由主义者，他的这一信念比他所坚持的其他一切"思想"或"见解"都要坚定。我们姑且不管他所赞成的自由主义属于哪一种类型，我只想指出这样一个事实，那就是即使今天欧洲最反动的人，在他内心深处也都知道，上一个世纪的欧洲人以自由主义的名义所付出的努力、取得的成就，从长远来看，其实都是命中注定的、不可避免的；今天的西方人注定是这个样子，不管他愿意与否。

尽管有充足且无可争议的证据表明，为了实现政治自由这一铭刻在欧洲命运之中的无上命令（the categorical imperative），人们所采取的具体手段是错误的、不幸的；但"上一个世纪在本质上是正确的"⁵这一终极性证据仍然是有效的。对于欧洲的法西斯主义和极权主义来说，无论它们可能采用什么样的举措来证明自己是正确的，就像那些仍然服从丁事项举要⁶的天主教徒一样，*这一最终证据同样适用。所有的人都知道，尽管对自由主义运动的各种批评都自有其合理之处，但是自由主义依旧保持其颠扑不破的真理性，此种真理既不是理论上的、科学上的，也不是智识上的，而是一种全然不

---

* 对于赞成哥白尼学说的人来说，尽管他知道太阳并没有落到地平线以下，但他仍然看到太阳落山；既然视觉意味着一种初步的信念，那么他就会继续相信它。由于他的科学信仰在不断地削弱其最初的或自发的信仰之影响，所以，上述天主教徒在其宗教信仰的支配下，否定了自己真实的自由主义信仰。天主教徒的这个例子仅仅是我刚才所阐述的思想之一个直观的例证，但是我对我们这个时代之大众人——"志得意满的人"——的责难并不是针对天主教徒的，他们只是在这一个方面相似而已。我所指斥的自我满足的人几乎在他的整个存在中都缺乏真实性，天主教徒仅仅在他存在的某些方面是不真实的。但即使是这种部分的相似也是表面的，因为他在其存在的这个方面的不真实——不管他愿意与否，他毕竟与现代人是如此相似——恰是由于他想忠实于自己存在的另一个真实的方面，也就是他的宗教信仰，这就表明天主教徒的命运本身就是悲剧性的。通过接受其不真实的一面，天主教徒履行了自己的义务；而另一方面，志得意满的人则妄想完全逃避自己的义务，其目的正是想避免一切悲剧。（30年代英译本没有原文中关于天主教徒的例证和这个脚注，这里根据80年代英译本译出。——译注）

同的、更具有决定性的真理，即命运的真理（the truth of destiny）。理论上的真理不但是可以探讨的，而且甚至可以说它们的全部意义和力量就在于对它们的探讨与争辩之中，它们产生于讨论；只要它们被探讨，它们就存在；它们只能在讨论中形成，除此之外别无他途。但是命运则不然，从生活的观点来看，一个人只能不得不接受或不得不拒绝此种命运；它不是一个可以探讨的问题，而是要么接受、要么拒绝的问题。我们如果接受它，我们就是真实的；如果拒绝它，我们就是在否定、歪曲自己。*命运并不存在于我们感到自己愿意做的事情当中；毋宁说只有当我们意识到自己**必须**做我们不喜欢做的事情时，命运才会彰显其清晰的面貌。

因此，我们现在可以这样概括"志得意满的人"的特征：他"知道"某些事物是不可能的或不可为的，但出于某种原因，他却在行动和言辞中假装相信它们是可能的和可为的。法西斯主义者动员起来反对政治自由，恰恰就是因为他们清楚地知道政治自由最终是不会失败

---

* 自我贬损、自甘堕落是那些拒绝接受其义务要求成为何种样子之人的唯一生活方式；然而，他的真实存在并没有死灭，相反，它转化为一种可诅咒的影子，这种幻影使他不断感到自己的现实生活比之于他应该生存其中的生活要卑微。堕落的人在其自戕行为中苟延残喘。

的，它是欧洲生活中本质的、不可或缺的一个组成部分；一旦欧洲出现严重的危机，人们真正需要它时，政治自由就会再度复兴。因为大众人的特征与基调乃是伪饰、轻浮以及胡闹，所以，他的一切行为都缺乏任何意义上的必然性，就像富家子弟的恶作剧。他在生活的每一个领域中所匆忙采取的悲剧性的、终极性的姿态都只是做做样子而已。人们在剧院里观摩、扮演悲剧，乃是因为他们不相信现实生活中的悲剧，其实，在这个文明的世界中有多少悲剧在上演啊！

不管一个人向我们展示的是什么样的自我，只要它是真实的，那都将是一件美妙的事情。但如果有人坚持认为二加二等于五，并且没有证据表明他的心智不健全，那么我们或许可以确定他事实上并不相信这个等式，哪怕他对此坚决予以否认，甚至因为坚持这个等式而丢掉身家性命。

一场闹剧的狂飙目前正在以各种形式席卷整个欧洲大陆，人们所采取与宣称的一切立场与姿态都是错误的；人们所做的唯一努力就是逃避我们真实的命运，对其显著的迹象视而不见，对其深切的呼声充耳不闻，避免直接面对"我们不得不成为的"(what has to be)。我们在以一种喜剧的方式生活，生活的面具越是具有悲剧性，我们生活得越发像是闹剧。无论何时何地，只要生活失去了不可或缺的根基——这是一个稳固的立足点——闹剧就会存在。大众人不愿意扎根于其命运之确定不移的基石上,他宁愿选择一种悬浮在空中的虚幻存在。因此,欧洲人从未像今天这样过着一种失去重量、缺乏根基的生活,他们把生活从自己的命运中连根拔起,任凭自己在最轻微的气流中漂浮。这是一个"随波逐流"的时代,一个"任其自然"的时代。几乎没有人能够抵制得了来自艺术、思想、政治或社会习惯方面的那些浅薄而短暂的风潮;其结果就是修辞术(rhetoric)空前地盛行。超现实主义作家认为自己已经超越了整个文学史,因为当别人还仅仅限于描写"茉莉花、才子佳人以及法翁[7]"时,他已经写出了更为复杂精致的句子。但实际上,他所做的只不过是让迄今一直隐藏在厕所角落里的另一种修辞形式重见天日罢了。

再清晰不过的是,目前的情形尽管有它自身的某些特征,但它仍然与过去的时代有诸多相似之处。因此,地中海文明甚至还不能与其曾经达致的巅峰——大约出现在公元前3世纪——同日而语:那时犬儒学派已经产生,第欧根尼趿拉着他沾满泥浆的便鞋践踏着阿里斯提波的地毯。[8] 犬儒主义者遍布大街小巷,其风潮盛行于社会各个阶层之中。事实上,这些犬儒主义者除了破坏一个时代的文明之外,一无所能:他们是希腊文明的虚无主义者；他们无所事事、毫无建树；他们所扮演的角色就是破坏，或者毋宁说是试图破坏，因为他们的企图并没有得逞。犬儒主义者是文明的一个寄生物，完全依靠否定文明来过活，而这恰恰又是因为他们相信，文明是永远不会失败的。置身于一个野蛮的民族当中——那里的每一个人都自觉地、非常真诚地履行着犬儒学派荒唐地赋予每个人的职责[9]，犬儒主义者能做什么呢？当代的法西斯主义者，除了诋毁自由之外，他们还能做什么呢？超现实主义者除了亵渎艺术之外，他们又能做什么呢？

对于此种类型的人，我们不能指望他会另有作为：他是一个组织得过于完美的世界之产儿，他只看到了这个世界的优越，而没有觉察到它的危险。他周围的环境宠坏了他，那些"文明成果"仿佛就是一个安居的宅院，钟鸣鼎食之家的子弟根本感觉不到有什么可以迫使他放弃奇思怪想；也没有什么可以促使他走出封闭的自我，倾听那些来自更高权威的忠告；更不用说有什么可以责成他面对自己深邃莫测的命运。

注释

1 指入侵罗马帝国的日耳曼人。
2 奥尔特加的引证有误，"池塘里的青蛙"是柏拉图对地中海沿岸星罗棋布的希腊殖民城邦的譬喻，参见《斐多篇》109B。

3 俾格米人（pygmy），一种平均身高低于 5 英尺的人种，尤其是指赤道非洲和亚洲东南部地区的矮人。

4 一个国家与其他国家的关系，可以说是家庭与社会关系的放大。"志得意满的复合体"（self-satisfaction complex）之最明显、最不可否认的证据就是，正如我们所看到的，一些国家在国际联盟中竟然也决心要"随心所欲"，他们公然声称这种态度就是"民族主义"。尽管我对一切顶礼膜拜"国际主义"的态度甚为憎恶，但另一方面，对那些相当不发达的国家所表现出的这种自以为是，同样感到荒谬可笑。

5 即 19 世纪的自由主义运动是正确的，因而反自由主义的法西斯主义和极权主义就是错误的。

6 事项举要（the Syllabus），指天主教会用教令颁布的事项，尤指教皇庇护九世于 1864 年所列的 80 条以及庇护十世于 1907 年所列的 65 条异端教义、行为和制度。这里应该指的是庇护九世 1864 年通谕附件《现代错误学说汇编》中的第 80 条：任何认为罗马宗座应该或能够同意进步、自由主义以及现代文明并与之相协调的见解都是谬误。这则通谕附件严重打击了天主教开明派，并使天主教会丧失了知识界的支持。

7 法翁（faun），古罗马神话中主司农牧的神，人面羊耳，头上生角，人臂羊腿，吹一支牧笛。

8 第欧根尼（Diogenes, 412?BC—323BC），古希腊哲学家、犬儒学派的奠基人；阿里斯提波（Aristippus, 435?BC—366?BC），古希腊哲学家、昔勒尼享乐主义学派奠基人。

9 似乎是指当时人们普遍地由积极的公共生活转向个人内心世界的安宁，回避公共义务的心态。

第十二章

专业化的野蛮主义

本文的主题是:19世纪的文明已经自生自发地造就了大众人。在结束一般性的阐述之前,我们最好再通过一个特殊的例子来分析一下大众人产生的机制,因为只有通过具体的形式,这一主题才能获得更大的说服力。

我已经说过,19世纪的文明或许可以概括为两大方面:自由民主政体和科学技术,我们暂且对后者进行一番考察。现代科技是资本主义和实验科学二者相结合的产物,并非所有的技术都是科学的:旧石器时代(the Chellian period)没有任何科学可言,但人们还是掌握了制造石斧的技术;中国人从未想过物理学的存在,但这并不妨碍他们在技术上达到一个很高的水平;唯有欧洲的现代技术拥有科学的基础,正是这一点赋予了它独特的性质,并使之具有无限进步的可能性。其他所有的技术——美索不达米亚的、埃及的、希腊的、罗马的、东方的——都有各自无法超越的顶点,一旦达到这个极限,它们随即就会走向一种令人惋惜的衰退。

神奇而伟大的西方技术使得欧洲人口的迅速繁衍成为可能,读者只需回想一下作为本文出发点的那项事实——正如我所说的,它孕育了我们现在所考虑的一切观点,那就是:从公元6世纪到1800年,欧洲的人口总数从未超过一亿八千万;然而,从1800年到1914年,它竟超过了四亿六千万,这样高速的人口增长在人类历史上绝无仅有。因此,毋庸置疑,是科技与自由主义民主的结合造就了数量意义上的大众人;在接下来的篇幅中,我将试图证明它同时也促成了质量意义上的,即贬义的大众人之存在。

正如我一开始就已经指出的,不能把大众简单地理解为工人阶级,这里它所指称的不是一个社会阶级,而是今天在所有社会阶级中都可以找到的一类人:他是我们这个时代的象征,是我们这个时代里占支配地位的统治力量。现在,我们就为这个观点寻求更加充分的证据。

今天,是谁在行使社会权力呢?是谁在把自己的心智强加给这个时代呢?毫无疑问,是中等阶级的人;在中等阶级中哪一个群体被认为是最主要的力量、当代的贵族阶层呢?毫无疑问,是科技人员(the technician),

是那些工程师、医生、金融从业者、教师等等；在这些科技人员当中，谁又是他们最完美、最纯粹的代表呢？很显然，是科学家。假如有一个外星人即将造访今天的欧洲，为了对我们的文明形成一个准确的判断，他向我们询问愿意把哪一类人作为自己的标本，那么，欧洲人马上就会挑出最理想的候选人——科学家。于是，这个来自外星球的观光客当然不会去拜访那些特立独行的个人，而只会属意于作为一般类型的"科技人"（man of science），并把他们当作欧洲人的精粹。

因此，有一点可以肯定：当前的科技人员正是大众人之原型。这绝非出于偶然，也不能归咎于科技人员的个人缺陷，而是作为我们文明之根基的科学本身会自动地把他转变为一个大众人，也就是一个原始人、一个当代的野蛮人。这是一个众所周知的事实，它一再地展示在世人面前；但只有把这项事实置于本文的背景之下，才能充分理解它的意义与严重性。

实验科学诞生于16世纪末期，以伽利略为肇端；它正式形成于17世纪末，以牛顿为标志；它在18世纪中叶开始进一步扩展。任何事物的发展都不可能与其形成初期的情况保持一致，因为它必须适应不同的环境，所以，在作为实验科学之集合的物理学的建立和形成阶段，一种试图实现统一化（unification）的努力是必要的，这正是牛顿及其同时代的人所做的工作；而在物理学的演进和拓展阶段，则需要从事一项在本质上与统一化截然对立的任务：为了取得进步，科学必须专业化（specialization）——不是科学自身的专业化，而是科技人员的专业化。科学在本质上是不能专门化的，否则它必然 ipso fac to［因此］丧失其可靠性；甚至作为一个整体，实验科学一旦与数学、逻辑学以及哲学相分离，它就将不复存在，但是，科学工作却必然需要专业分工。

如果我们追溯一下物理学和生物学的历史，以揭示科学研究中专业分工趋势不断加强的过程，那么，我们就会发现那将比乍看之下的情形更加有趣，也更加有用。我们会看到科学家们是如何一代接一代地把自己限制在日渐狭小的知识范围之内的；然而，这并不是历史所揭示出的最为重要的一点，最关键的毋宁是这一问题的反面：每一代的科学家由于不得不缩小其工作领域，结果导致他们与科学的其他分支以及对宇宙的完整解释逐渐失去了联系，而唯一能堪称科学、文化与欧洲文明的恰恰就是对宇宙的完整解释。

具有讽刺意味的是，在专业化的肇始阶段，有文化的人恰被冠以"百科全书式的"头衔，19世纪的历史进程正是在这些"百科全书式的"人士——尽管其时他们的工作已经初露专业化的端倪——的指引之下开启的。在接下来的一代人中，平衡被打破，几乎在每一个科学家身上都可以看到专业化取代了整体文化（integral culture）。到了1890年，19世纪的第三代人开始主宰欧洲的知识界，这时我们就会发现一种历史上前所未见的科学家之典型：除了一个能够做出良好判断的人所必须具备的知识之外，他只熟悉某一门具体的学科，甚至就是对这门学科，他也仅仅知晓其中的一小部分，只有在这个领域里他才是学有专长的研究者。他甚至可能声称这是一个优点，对自己特别倾注的那个狭隘范围之外的一切东西，他都弃之不顾；他把所有对普遍知识的好奇心都称作是业余的爱好。

不过，专业化的科学家虽然受到自己狭隘视野的限制，但他的确成功地发掘了一些新的事实，并在不知不觉中推进了科学的发展，从而也就丰富了人类思想的百科全书，但他对此却几乎是一无所知。这种情况是如何发生的，又何以继续可能呢？我们必须正视这样一个出乎意料但又不可否认的事实，那就是：实验科学的进展在很大程度上得归功于那些资质异常平庸，甚至连平庸都算不上的人所做的工作。换言之，现代科学——我们当代文明的根基与象征——为那些智力平庸的人提供了广阔的空间，使他们能够在这里富有成效地工作。这种情况得以发生的原因在于机械化，机械化主导着新的科学和文明，并成为它的象征。然而，机械化却既是新科学和文明的最大福祉，同时也是新科学和文明的最大威胁。在物理学和生物学中，必定有相当数量的工作属于机械性的心智活动，这些工作几乎是任何人都可以完成的。由于无穷无尽的研究工作可以通过把科学分为若干个小的部门来进行，所以，科学家可以只关注其中的某一个部门而忽略其他的部门。方法上的可靠性和精确性允许了这种暂时的但却非常实用的知识脱节，运用这些方法进行工作就仿佛是在使用一台机器，纵使操作这台机器的人对它的意义与工作基础不甚了了，也可以取得极为丰富的成果。因此，大多数科学家一方面促成了科学的普遍进步，另一方面又把自己封闭在实验室的狭小空间内，犹如蜂房中劳作的蜜蜂与转动烤肉叉的转叉犬[1]。

所有这一切造就了一类异常怪异的人。就像自然界某一项新事实的发现者那样，他必然会从中体验到一种权力感和自我肯定感，并多少有些道理地把自己看作是一个"有知识的人"。事实上，他的确拥有某些东西，这些东西加上别人拥有但他自己缺失的其他一些东西，共同构成了知识。这正是专门人才（the specialist）真实的内在本性，到本世纪初叶这种人的妄自尊大与不可一世达到了无以复加的地步。这种专家对宇宙中自己所守护的那个角落确实"了如指掌"，但对其余的部分却一窍不通。

对于这种怪异的新人，我们曾经试图从两个完全相反的方向加以界定，这里恰巧有一个合适的例证。我已经说过大众人是史无前例的一类人，而专门人才正可以称得上是这种人的一个显著而具体的例子，在他身上我们可以看到这一类新人的本质。以前，我们可以把人简单地分为两种：有知识的人和无知识的人，不管其程度如何，一个人要么是有知识的，要么就是无知识的。但是，现在你根本没有办法把专门人才纳入这两个范畴中的任何一个：他既不属于有知识的人，因为除了自己的专业知识之外，他知之甚少；另一方面，他也不属于无知的人，因为他是一个"科学家"，一位"专家"，他"通晓"自己方寸天地中的一切。对于这种人，我们不得不称之为"有知识的无知者"（learned ignoramus），这是一个非常严肃的问题，因为它意味着尽管专门人才在他所生疏的领域中是无知的，但他却不像一个无知者，而是摆出一副学有专长的神态。

事实上，这正是专门人才的行为方式：他对政治、艺术、社会习俗以及其他一切科学所持的看法，无一不是原始的、愚昧无知的；但他又固执己见，自以为是，拒不承认在这些问题上的专门人才的意见——这是一个悖论。文明使他变成了专门人才，结果把他禁锢在自己的局限性之中，并且使他对此颇为满足；但正是这种对自己的价值及其重要性的自我肯定，同时也诱导他僭越自己的专业，妄图支配一切。所以，尽管在自己的专业中，专门人才体现了资格限制上的极致——因而在质性上他应该完全区别于大众，但结果却是：几乎在生活的其他一切领域里，他的行为举止照样漫无节制，与大众人毫无二致。

这不是一个耸人听闻的论断，任何人只要留心观察就可以看到：当今的"科技人"，对政治、艺术、宗教以及其他一般性社会和生活问题，所持的看法、所做的判断、所采取的行动，哪一个不是愚蠢至极呢？步其后尘的还有医生、工程师、金融从业人员、教师，等等。我曾多次概括的大众人之特征，如"不愿意从善如流"，不愿意服从更高明的权威，等等，在这些部分优质化的专门人才身上得到了淋漓尽致地体现。这些人象征了并在很大程度上构成了当前"大众的统治"，他们身上体现出来的野蛮主义正是导致欧洲腐化堕落的最直接的原因。

非唯如此，对于上一个世纪的文明是如何放纵自己的造物，结果导致原始主义和野蛮主义的沉渣泛起，这些专门人才是最好不过的例证。

专业化的这种失衡所产生的最直接的后果就是：和过去相比，譬如说，比起1750年来，"科学家"愈多，而真正"有文化"的人就愈少。最糟糕的是，这些为科学而劳作的工蜂甚至不能保证科学的真正进步，因为科学需要对自己的发展不时做出必要的调整，不断进行重新组合；正如我已经指出的，这需要统一化的努力，但这种努力现在变得越来越困难，因为它涉及日渐拓宽的知识领域。牛顿无须懂得多少哲学就可以建立他的物理学体系，但爱因斯坦在完成他对物理学的敏锐综合之前，却必须浸淫于康德和马赫[2]的哲学：康德和马赫仅仅是对爱因斯坦产生重大影响的诸多哲学和心理学思想的象征而已；这些思想解放了爱因斯坦的心灵，并为他的创新开辟了道路。但是，仅仅一个爱因斯坦是不够的，物理学目前正面临着历史上最严重的危机，只有出现一个比启蒙时代的法国百科全书派更加综合的、新的"百科全书派"才能挽救这场危机。

因此，使实验科学得以持续发展一个多世纪的专业化正在走向尽头，除非新一代的人能够保证为它提供一种新的原动力，否则仅仅依靠自己的力量，它将无法维持科学的进步。

但如果专业人士无视他所从事的科学工作的哲学基础，他将从根本上全然蒙昧于科学的存在与延续的历史条件，亦即如何组织社会与人的心灵，使之可以继续造就后起的研究者。我在前文中已经透露，从事纯粹科学研究的人近年来显著减少，对那些清楚地了解文明意味着什么——这种意识在我们当代文明的最高典范"科学人"那里是普遍缺乏的——的人来说，这是一个让人感到不安的征兆。这些非凡卓绝之士深知，认为文明是"本来就存在的"（out there），不啻是认为文明就是地球的外壳和原始森林。

注释

1 转叉犬（turnspit），经过训练的可以转动烤肉叉的狗。
2 马赫（Ernst Mach，1838—1916），奥地利物理学家、哲学家，他提出的"知识是感觉体验的复合"这一观念对现代科学与哲学产生过巨大影响。

第十三章

最大的危险:国家

在任何一个公共事务秩序良好的国家里,大众的角色都不应该是自行其是,安分守己才是它的使命。大众生来就是被指导、被影响、被代表、被组织的——甚至可以说就是为了不再成为大众,或者至少说以这种可能性为目标。但它来到这个世界上并不是单靠自己就可以做任何事情的,它需要把自己的生活托付给一个更高的权威,也就是少数精英。至于谁是杰出的精英这个问题,或许可以没完没了地争论下去,但不管他们是什么人,若没有了精英,人类将丧失其本质。这一点是毋庸置疑的,尽管欧洲对这个问题采取鸵鸟政策已经有一个世纪了,它以为把头埋到翅膀底下就可以避开这个显白的真理,实在是自欺欺人。我们所主张的这一观点并没有以多少是常见的、可能的事实为基础,相反,它立基于一条"社会物理学"的法则之上,这条法则甚至比牛顿物理学的法则还要坚不可摧。一旦一种真正的哲学*在欧洲重新占据优势——唯有如此方能拯救欧洲——它将再次意识到,不管人们愿意与否,其本性都将迫使他寻求某种更高的权威,如果他能够自动地发现此种权威,那他就是一个优秀的人;如果不能,那他就是一个大众人,就必须从比他优秀的人那里接受此种权威。

因此,当大众宣称自己有权利自行其是的时候,他就是在反抗自己的命运,由于这正是当前所发生的事情,故而我称之为"大众的反叛"。从最终来看,唯有一件事情可以名副其实地叫作"反叛",那就是拒绝接受自己的命运,反抗自我。天使长路西法[1]如果不是一意孤行地想成为上帝——那不是他的命运,反而希望做一个最下等的天使——那同样不是他的命运,这两种行径在本质上没有区别,都属于反叛行为。(假如路西法是一个俄国人,譬如说像托尔斯泰,他就很有可能选择后一种反叛形式,

---

* 所谓哲学的统治,并不一定要哲学家成为统治者——如柏拉图最初所设想的那样;也不必要统治者成为哲学家——如他后来所更加谨慎地希望的那样。严格说来,这两种意愿都是注定要落空的。就哲学的统治而言,它的存在就是其充分条件,也就是说要让哲学家成为哲学家。在过去的将近一个世纪里,"哲学家"充当了各种角色:政治家、教授、文人、科学家,但就是没有成为哲学家。

比起他率领众天使反抗上帝,这同样是在悖逆上帝的意旨。[2])

无论什么时候,只要大众是自作主张,它唯一的方式就是滥用私刑,因为舍此之外它别无选择。私刑起源于美国并非出于偶然[3],因为美国多少可以称得上是大众的天堂。因此,当大众如今在整个欧洲取得胜利时,暴力同时也就开始大行其道,成为最后的理由和手段,成为一种教义,这不足为奇。多少年前我就已经注意到暴力可能演化为一种正常的状态,*如今,暴力已经发展到极致,这或许是一个良好的征兆,因为它预示着暴力即将盛极而衰,自发地走向崩溃。暴力如今已经成为这个时代的修辞:那些空洞无物的演说家们使之成为自己特有的修辞方法。当人的存在实体结束其生命旅程时,就如同失事的船只,任凭无情的海浪把它冲到修辞的海岸之上,虽然已是一堆遗骸,但还能保存很长一段时间。修辞是现实的墓地,充其量不过是上了年纪的人的养老院,此时,实体只有靠自己的名称来苟延残喘,尽管只剩下一个词汇,但它到底还能维持某种不可思议的魔力。

作为一个具有反讽意味的既定规则,暴力的声望尽管可能已经走向衰落,但是,我们将依旧生活在它的统

---

* 参见《没有主心骨的西班牙》,1921年,第1版。

治之下，当然它要改换一下形式。

这里，我指的是今天对欧洲文明构成最严重威胁的一件事物，同其他所有的威胁一样，它也是文明自身的产物，甚至可以说，它还是欧洲文明的一大荣耀：它就是尽人皆知的现代国家。这里我们再次遭遇前一章中科学所面临的吊诡境地：科学原则的多产性带来了令人难以置信的进步，但这一进步将不可避免地造成专业化，而专业化则有扼杀科学的危险。

国家也面临着同样的困境，对此，读者只要回想一下18世纪末欧洲各民族所建立起来的国家是怎样的情形就可以了，那时国家的事务是何其稀少！早期的资本主义及其工业化组织，由于首次采用了新的理性化技术，给社会带来了新一轮的发展，一个新兴的社会阶级由此产生，它比以前的任何一个阶级都要庞大，都要有力：它就是中产阶级。这个精明的中产阶级拥有一种超出其他所有阶级的才能，即实践的才干，它知道如何去组织和训练，知道如何去保持进取心的连贯性和一致性。置身于这样一个阶级之中，如同进入汪洋大海，"国家之舟"（the ship of State）开始了其险象环生的航程，国家之舟是被中产阶级再度发明的一个譬喻[4]，这个阶级感到自己浩瀚如海洋，无所不能，甚至能够呼风唤雨。正如我们已经说过，这只船本来承载的事务极为有限：几乎没有多少士兵、官僚以及财政需要管理。在中古世纪,它是由一个与中产阶级截然不同的阶级——贵族阶级——所建立的,这个阶级凭借其勇气、领导才能以及责任感而有口皆碑,声誉卓绝,没有他们,欧洲的各个民族就不会有今天。但是,他们虽然具备这些发自心灵的德行(virtues of the heart),却始终缺乏出自头脑的德行(virtues of the head),这些贵族智力有限,情感脆弱,他们行为处事完全依靠本能和直觉,一言以蔽之,他们是"非理性的"。所以,他们不能发展出任何技术,因为这一过程需要思想和理性化。比如说,这些贵族就无法发明火药,因而也就制造不出新式武器;而新兴的资产阶级则从东方或别的什么地方引进了火药,制造了枪炮,于是身着铠甲、手持长矛、骑在马背上笨拙不堪的贵族武士和绅士们在战场上就落得一败涂地了;他们甚至从未想到,战争的永恒秘密与其说在于防卫的方法,还不如说在于进攻的方法——这个秘密是拿破仑再次发现的。*

既然国家是一个技术性问题——一个关于公共秩序

---

* 贵族的优势为资产阶级所取代,这一伟大历史转变的简单画卷最早是兰克(Leopold von Ranke, 1795—1886,德国历史学家,客观主义历史学派的先驱。——译注)向我们描绘的,但是,很显然这一象征性的几何式轮廓需要做大量的填补才能揭示出完整的真相。火药早在遥不可追忆的时代就已为人所知;把它装在一根管子里是一个伦巴底人的创造;但是直到大炮发明以后,它的威力才完全显示出来。贵族也使用火器,但规模很小,因为它过于昂贵;(下转)

及其管理的问题,所以"旧制度"直到18世纪末期为止,仍然是一个非常弱小的国家,它被来自四面八方的社会反叛弄得焦头烂额。这一时期国家权力与社会权力之间的力量对比是如此悬殊,以至于同查理曼时代[5]的情况比较起来,18世纪的国家似乎是退化了;加洛林王朝[6]的国家在权力上当然远没有路易十六时代的国家强大,但另一方面,那时环绕在国家周围的社会却也是全然无力的。[*]18世纪的社会势力与公共权力之间的力量失衡,为法国大革命以及一直持续到1848年的一系列革命提供了条件。

(上接)唯有资产阶级的军队,通过更完善的经济组织,才可以大规模地使用火器。不过,严格说来,以勃艮第人(Burgundians)中世纪式样的军队为代表的贵族,之所以被瑞士资产阶级的非职业化军队所击败,其首要原因还在于新式的训练方法和新的理性化战术。

[*] 强调并弄清楚这一点是非常必要的,即欧洲的绝对君主制可以与弱小国家并行不悖。这到底如何解释呢?如果国家是全能的、"绝对专制的",那么它为什么不让自己再强大一点呢?我们已经揭示了其中的一个原因,那就是血统贵族的无能——技术上的、组织上的以及官僚政治方面的无能。但是,这一解释并不充分,除此之外,我们还可以提出另一项解释,即绝对主义国家(the absolute State)中的贵族阶级不愿意以牺牲作为一个整体的社会为代价来扩充国家的权力。与通常的观念相反:绝对主义的国家在本能上,远比我们的民主国家更尊重一般意义上的社会,因为民主国家虽然更富有才智,却往往缺乏历史责任感。

但是，中产阶级在法国大革命以后开始接管公共权力，并把自己无可争辩的品质应用于国家。差不多在不到一代人的时间里，中产阶级就建立了一个强大而有力的国家，这个国家结束了革命，恢复了秩序。自1848年起，也就是自第二代资产阶级政府开始，欧洲就不曾发生过任何一场真正意义上的革命。当然不是因为缺少引发革命的动机，而是因为缺乏革命的手段，公共权力已经上升到社会权力的水平，于是，欧洲就永远告别了革命！现在，在欧洲唯一可能发生的只有革命的反面：政变。在接下来的岁月里，一切看似革命的运动都不过是伪装下的政变而已。

在我们这个时代里，国家已经变成了一台庞大的机器，这台机器以其非凡的方式在运转着，其精确无比且数量惊人的手段所带来的效率之高，令人叹为观止。一旦国家在社会中拔地而起，只消轻轻一摁按钮，它就可以启动无数操作杠杆，并以它们势不可挡的力量作用于社会结构中的任何一个部位。

当代国家是人类文明最显而易见、最夺人耳目的成果。任何人只要注意到大众对国家所采取的态度，他就会发现一个非常有趣的现象：大众可以看见国家、钦佩国家，并知道国家就屹立在那里，护卫着自己的存在，但他绝没有意识到这样一个事实，那就是：国家是一个人造物，它是由某些特殊的人所发明的，并需要某些美德和基本品性来加以维持，而这些美德和品性虽然人类过去曾经拥有，但明天很可能就会消失殆尽。此外，大众在国家中看到一种无名的力量，由于他感觉自己和这种力量一样也是无名的，于是，大众就相信国家是属于他自己的东西。当一个国家的公共生活出现困难、冲突和危机时，大众就会倾向于求助国家的即刻干预，凭借其巨大无比、不可抗拒的手段直接加以解决。

这就是当前威胁文明的最大的危险：国家干预、国家对一切自发的社会力量的越俎代庖——这就等于说取消了历史的自发性，而从长远来看，维持、滋养并推动着人类命运的正是这种自发性。任何时候，只要大众怀疑自己遭受了什么厄运，或者仅仅是感到了某种强烈的冲动，那么对他来说，最大的诱惑无疑就是简单地摁一下按钮，开动法力无边的国家机器，就可以持久而稳当地获得一切而无须一切努力、奋斗、疑虑和冒险。大众自言自语道："国家就是我！"这正是"朕即国家（L'Etat, c'est moi）"的大众翻版，这完全是一个错误。说"国家就是大众"，就好比说两个人仅仅因为都不叫约翰，所以他们是同一个人一样荒谬。当代的国家与大众之间唯一的共同点就在于它们都是无名的。但事实上，大众的确相信自己就是国家，他越来越倾向于寻找各种借口发动国家机器以压垮那些富有创造力的少数人：这些人妨碍了大众，扰乱了秩序，不管是政治上、思想上，还是工业上。

此种趋势的后果将是毁灭性的，自发的社会行动将一再地被国家干预所打断；不会再有新的种子能够开花结果。社会将不得不为国家而存在，个人将不得不为政府机器而存在。由于国家毕竟只是一台机器，它的存在与保养依赖于它周围生命体的支持，所以，国家在耗尽了社会的精髓与活力之后，将只剩下一副血色皆无、形容枯槁的骨架，一部停止运转的、锈迹斑斑的机器将比一具生物有机体的死尸更加令人毛骨悚然。

这也正是古代文明令人感到惋惜的命运。由恺撒和克劳狄[7]一手缔造的罗马帝国，毫无疑问是一架值得钦佩的机器，单单作为一个人造物来看，它比贵族世家所建立的古老共和国不知要高超多少；但历史是惊人的巧合，就在它的发展臻于巅峰的时候，社会实体随即开始解散。

早在安托尼努斯[8]时代（公元 2 世纪），国家就以其反自然的霸权（anti-vital supremacy）压服了社会的活力，社会开始受到束缚，它除了**服务于国家**之外无以为生。整个生活都被纳入官僚体系，结果发生了什么？生活的官僚化导致了社会各个领域的全面崩溃，经济萧条，人口减少。国家为了满足自己的需要,又对人类生活推行进一步的官僚化,上紧官僚机器的螺丝钉无异于把社会改造成一个军营。国家最迫切的需要就是军事装备和军队,其首要的任务就是提供安全(我们要记住:大众正是安全的产物),因此,军队是国家的先决条件。非洲血统的塞维鲁皇帝[9]试图把整个世界军事化,可一切都是枉然:不幸的事情还是接连发生,罗马妇女的生育能力逐渐下降,最后甚至连兵源都开始枯竭。塞维鲁之后,帝国的军队不得不从外国人中征募士卒。

国家至上主义(Statism)悖谬的悲剧性过程不是由此昭然若揭吗?为了使整个社会可以生活得更好,人们建立了作为一种手段的国家,但是,国家随即盘踞于社会之上,反而使得社会不得不开始为国家而存在。* 然而,国家毕竟是由社会成员所组成的,这些人很快就不足以维持国家,于是它不得不招募外国人:首先是达尔马提亚人,接着是日耳曼人。这些外国人乘机篡夺了国家权力,社会中的其他人,那些先前的人民,被迫沦为他们的奴隶,沦为与自己毫无共同之处的异邦人的奴隶。这

---

* 回忆一下塞普提米乌斯·塞维鲁留给他儿子们的遗言:"必须保持团结,一致对外;要礼遇、优待军人,至于其他人,则可以不必考虑。"(80年代英译本的这个注释所要说明的原文向后推移了两个句子。——译注)

就是国家干预所带来的后果：人民转化为国家机器——它原本只是一个人造之物——的燃料，骨架吃尽了附着在它周围的血肉，临时搭建的脚手架竟变成了住宅的房客和主人！

在了解了这一切之后，当我们听到墨索里尼疯狂地叫嚣"一切都是为了国家；国家之外一无所有；没有什么事物可以反对国家"这样的口号，并把它视为一个只有在意大利才能发现的惊人事实时，怎能不感到震惊呢？单单是这一点就足以证明法西斯主义是一场典型的大众运动。墨索里尼刚一上台就发现，一个他理想中的完美国家已经建立，但其缔造者并不是他自己，而是他所要反对的观念和力量：自由主义民主。他仅仅是无情地使用了这架现成的机器，我们无须细致地考察他的工作，就可以发现这样一个不争的事实：到目前为止，墨索里尼所取得的成果，还不足以与自由主义国家在政治和行政管理中所取得的成果相提并论。纵使他有什么成就，也是微乎其微，不值一提；而且它缺乏实质，因为它还不够抵消反常权力（the abnormal powers）的积聚，正是这些反常的权力使墨索里尼得以把国家机器运用到极致。

国家至上主义是暴力和直接行动在上升为一般准则以后所采取的高级形式。通过并借助国家这部无名机器，大众得以自行其是。欧洲各民族目前正面临着各种重大的国内问题：法律、经济以及公共秩序无一不存在异常严峻的危机。在大众的统治之下，我们难道没有感觉到：国家将竭尽全力压垮那些保持特立独行的个人和小群体，并最终打破未来的一切希望吗？

过去三十年里所出现的一个最让人感到惊悸的现象，可以作为这种国家机械主义（the state mechanism）的具体例证：所有国家中的警察部门都在迅速扩张，人口的增长必然要加剧这一过程。不管我们对此如何习以为常，我们都不应该忽视这样一个可怕的悖论：在一个现代超级大都市中，涌动的人群要想来去自如，专心于自己的事务，就必然需要一支庞大的警察队伍来维持交通和秩序。但是，对那些相信"法律与秩序"的人来说，如果奢望这些为维持秩序而建立起来的"政府武装"永远满足于保持市民所希望的秩序，那就愚不可及了。这些人最终将不可避免地自己来定义和决定他们应该维护什么样的秩序——这种秩序自然是最符合他们自己利益的秩序。

如果我们观察一下两个不同类型的社会对这一公共需求所做出的截然不同的反应，将非常有助于我们处理这个问题。大约在1800年左右，新兴的工业开始造就一类新人——产业工人，他们比传统类型的人更容易走上犯罪的道路，为此，法国政府迫不及待地建立了一支数目庞大的警察队伍。十年之后，英国也面临了同样的问题，犯罪率的上升使英国政府突然意识到自己缺少警察力量，其时正是保守党当政，他们是怎么做的呢？建立一支新的警察部队吗？绝对不可能，他们宁愿尽可能地容忍犯罪，也不愿意这么做。"人们已经做好准备，如果必要的话，将容忍一定程度的混乱，并把它看作是自由的代价。'在巴黎，他们拥有一支令人羡慕的警察部队，'约翰·威廉·华德写道，'但是，他们为此付出了沉重的代价。我宁愿看到，每隔三年或四年就有半打的人在拉特克利夫大道（the Ratcliffe Road）上被人割断喉管，也不愿意住宅被人搜查、监视，并忍受富歇的各种诡计'。"*这里，我们看到，对待国家的两种态度泾渭分明，英国人认为国家应该有它自己的界限。

---

* 参见阿累维（Élie Halévy，1870—1937，法国著名历史学家。——译注）:《19世纪英国人民史》(*Histoire du peuple anglais au XIXe siècle*)，第1卷，第40页，1912年。[80年代的英译本没有这个脚注，不过在尾注中编者指出，这段引语出自阿累维的《1815年英国人民史》，应该就是指《19世纪英国人民史》的第1卷；约翰·威廉·华德（John William Ward，1837—1924），英国历史学家；富歇（Fouché，1759—1820），法国政治家和警察组织的建立者。——译注]

注释

1 路西法（Lucifer），又译"明亮之星"，是撒旦在带领天使造反之前的名字。

2 其实《圣经·旧约·约拿书》就提供了这样一种反叛形式，不过是失败的反叛：上帝命令先知约拿去尼尼微劝告那里的人悔改，但他想逃避这一使命，乘船离开，上帝便使海上风浪大作，只有把他投入海中方可平息风浪，于是其他乘客就把他扔进海里。上帝预备了一条大鱼，把他吞进肚子里三天三夜，直到他向上帝呼救许愿，上帝才命鱼把他吐出来。马斯洛曾据此创造了一个心理学术语"约拿情结"（Jonah Complex，参见马斯洛：《自我实现的人》，第142页，许金声等译，三联书店，1987年）。

3 私刑（lynch law），指不按正当法律程序对犯罪嫌疑人进行的惩罚，多为死刑。18世纪80年代初期，美国弗吉尼亚州的皮采法尼亚县为"一群无法无天的人"所困扰，法院对他们鞭长莫及，于是林奇（Lynch）上尉率领人们约定可以不经过正当法律程序来惩罚罪犯。林奇上尉虽然不是私刑的发明者，却试图使之合法化，结果他的名字就与私刑联系起来。

4 把国家比作在大海中航行的船只，是柏拉图经常使用的譬喻。

5 查理曼大帝（Charlemagne，742—814），法兰克国王（768—814），罗马灭亡后西欧第一个帝国的创始人，800—814年为罗马帝国皇帝。

6 加洛林王朝（Carolingian），751年，由矮子丕平创立的法兰克王朝，查理曼大帝即属于这个王朝，它是西欧封建时代中央权力较为集中的一个王朝。

7 克劳狄一世（Claudius，10BC—54AD），罗马帝国皇帝，在位时间为41—54年。

8 安托尼努斯(Antoninus,86—161),罗马帝国皇帝,在位时间为138—161年。
9 塞维鲁(Severus,145—211),罗马帝国皇帝,在位时间为193—211年,在位期间扩建军团,压制元老院,加强中央集权,实施军事独裁统治。

第二部分

第十四章

谁统治这个世界？

我曾经不止一次地说过，欧洲文明将自然而然地引发一场大众的反叛。从某种立场来看，这一事实具有非常有利的一面，正如我们已经指出的：人们的生活水平在我们这个时代经历了奇迹般的增长，而大众的反叛与这种增长就是一回事。但是，同一个现象的另一面却是可怕的，它不是别的，而是人类道德的彻底沦丧。现在，就让我们从一个新的角度来审视一下最近发生的这一事件。

1

一个新的历史时代，就其实质或特性来看，或是其内部变化（internal variations）的结果，比如人及其精神的变化；或是其外部变化（external variations）的结果，也就是形式上的变化或机械的变化。就外部变化而言，最重要的变化毫无疑问就是权力的更替（the displacement of power），但权力的更替必然伴随着精神上的更替。

因此，当我们着手考察一个时代并试图理解它时，我们遇到的第一个问题必然是：在这个时代里，谁在统治世界？当人类还处在分散居住、相互之间缺乏交流的时候，他们只能分裂为一些内部的、独立的世界，比如在米太亚德[1]时代，地中海世界（the Mediterranean world）根本就不知道远东世界（the Far-Eastern world）的存在。在这样的情况下，我们不得不把"谁统治世界"这个问题限定在单个群体之中。

但是，自16世纪开始，整个人类进入了一个全球范围内的大一统过程。时至今日，这一过程已经达到登峰造极的地步。在当今这个世界上，已经没有什么人可以离群索居，人类的孤岛已经不复存在。因此，我们可以说，从16世纪开始，无论谁统治这个世界，他实际上都是要对人类整体施加一种权威性的影响。在过去的三个世纪里，一直由欧洲各民族构成的同质性群体（the homogeneous group）在执世界统治之牛耳。欧洲曾经是世界的统治者，在它的统治与领导下，世界生活在一个一元化的模式当中，或者至少可以说世界正趋向于统一。

这种生活方式是当代（the Modern Age）的普遍风格，

"当代"是一个乏味、贫瘠的概念，在它的背后隐藏着这样一个事实，那就是欧洲的霸权主义时代（the epoch of European hegemony）。

我们这里所说的"统治"，首先并不是指物质力量的实践或者自然的压迫。在这里，我们要尽量摆脱那些愚蠢的观念，尤其是那些比较粗略的和比较浅显的观念。我们所使用的"统治"指的是人与人之间那种稳定的、正常的关系，它**绝不依赖于强力**；相反，说一个人或一群人大权在握恰恰是因为他或他们有效地控制了那些被人们称之为"强力"的社会机构或机器。有些事例，我们乍一看，似乎能说明统治是以强力为基础的；但如果我们进一步考量的话，这些事例却是我们论点的最佳例证。拿破仑率领其强悍之师入侵西班牙，并一度维持霸权，但准确地说，他一刻也没有"统治"过西班牙。尽管这位将军重兵在握，但是，情况并没有丝毫改变，或许正是因为他仅仅拥有强力，情况才会如此。我们必须对一个侵略行为或侵略过程和一种统治状态加以区分。统治是权威的正常行使，并且常常是以公共舆论（public opinion）为基础。不管是在今天还是在一千年前，不管是在文明的英国人当中还是丛林部落当中，都是如此。在这个世界上，从来还没有什么人既能进行统治，又能将其统治建立于公共舆论以外的其他任何东西之上。

有人可能会认为，公共舆论之主权（sovereignty of public opinion）的始作俑者是1789年的那位律师丹东[2]，或者可以追溯到13世纪的圣托马斯·阿奎那[3]那里。虽然这种主权观念不论在这儿还是那儿，不论此时还是彼时都可能发现；但实质上，公共舆论作为一种基本力量，它催生了人类社会中的统治现象这样一个事实，却同人类本身一样古老，一样源远流长。在牛顿的物理学中，地心引力是产生运动的力量，而公共舆论的法则之于政治史，一如地心引力之于物理学。没有公共舆论，历史科学就无从谈起。因此，休谟[4]敏锐而富有洞见地指出，历史的主题远不在于表达一个乌托邦式的幻想，而在于揭示公共舆论之主权是如何在人类社会的历史长河中举重若轻的。即使是那些妄图凭借外国雇佣兵来维持统治的独裁者也不得不考虑这些雇佣兵的意见以及当地其他居民所共有的意见。

真实的情况是，没有什么人能够依靠雇佣兵进行统治。诚如塔列朗[5]曾对拿破仑所说的："陛下，您可以借助刺刀做一切事情，但您无法靠它们安坐。"统治不是攫取权力，而是平静地行使权力。一句话，统治就是要安然稳坐：坐在王位上，坐在显要的席位上，坐在议会的前排座位或主教的座位上。与老套戏剧中的浅陋之见恰好相反，实施统治与其说是铁腕镇压的问题，不如说是如何坐稳位子的问题。总而言之，国家是一种意见的状态（the state of opinion），即各种意见的一种平衡状态。

然而，有时公共舆论并不存在。一个社会被分为一些水火不相容的团体，其意见相左，并彼此诋毁，一个占统治地位的权力根本不可能形成。就像"自然憎恨真空"一样，由于公共舆论的缺位而留下的真空地带通常会由暴力来填补，在大多数情况下，后者本身正是对前者的一种替代。

因此，公共舆论的法则就是历史中的地心引力法则，但为了准确起见，我们必须考虑公共舆论缺席的情形。由此，我们可以得出一个著名的公式，它古老、直白而又平实，那就是：如果违逆公共舆论，就无所谓统治。

这使我们意识到，统治就意味着某种观点的优势，因而也就是某种精神的优势。归根结底就是说，统治不是别的，而是一种精神权力。历史的事实无可辩驳地证明了这一点。所有原始状态的统治都有一种神圣的特征，因为它是以宗教为基础的，而宗教恰恰正是精神、思想、意见这些东西的最初形态，总而言之，它是非物质的、超物理的（ultra-physical）。在中世纪（the Middle Ages），同样的现象在更广阔的地域范围内再次出现。

基督教会是形成于欧洲的第一个"国家"或者说公共权威，它在"精神权力"方面具有特殊而明确的特征。

政治权力从基督教会那里认识到，从起源上看，自己也是一种精神权威、某些观念的盛行，神圣罗马帝国[6]就可以说明这一点。于是，在教会和国家这两种权力之间必然要引起斗争，尽管它们并无实质上的区别（因为它们都是精神的力量）。最后，它们达成了妥协，将自己限制在一个固定的时间范围之内：一个关注于今生的幸福，一个关注于来世的报应。世俗的权力与宗教的权力同是精神的权力，但它们一个象征着时代的精神（the spirit of time），也就是世俗的、变动不居的公共舆论的精神；而另一个则象征着永恒的精神（the spirit of eternity），也就是上帝的意志、上帝对人类及其命运的观点。

因此，这样两种说法就是一回事：在某个特定的时期内，某个人、某个民族或是某个由多民族构成的同质性群体掌握统治权，就等于是说，在某个特定的时期内，某一意见系统——观念、偏好、渴望、目标——占据着优势地位。

我们应该如何理解这种优势地位呢？大多数人是没有自己的意见的，他们的意见必须由外界灌输进去，就像润滑油渗入机器的部件一样。因此，必须有一部分人，凭借精神的力量或其他力量来掌握和运用权威，以带动那些毫无主见的人——也就是大多数人——开始形成意见，采取某种立场。因为没有了意见，人类的日常生活将会陷入一片混乱，甚至陷入一种历史的空白，缺乏任何有机的结构。因此，如果缺乏一种精神的力量，**没有人来发号施令**，混乱将按照这种缺乏的程度笼罩人类。同样，所有权力的易手、权威的更迭，都意味着意见的改变，因而也就意味着历史重心的转移。

让我们再次回到我们论证的出发点上。几个世纪以来，世界一直都处在欧洲的统治之下，并且，欧洲是那些在精神上极其相似的民族之聚合。而在中世纪，世俗的物质世界中还没有建立公共舆论的统治。这就是中世纪全部历史的情况，这也是中世纪的世俗事务常常比较混乱、比较野蛮、缺乏公共舆论的原因。中世纪就是这样一个时代：人们的爱、恨、渴望、厌恶等毫无限制，但是，另一方面，那个时代却没有公共舆论可言。这样的时代也不乏魅力与怡人之处。但在伟大的时代中，人类得以繁荣昌盛靠的是意见，也就是秩序的统治。当我们深入考量中世纪时，我们可以发现有一个阶段就像当代一样，仍然有人在执掌政权，尽管其权力只及于这个世界非常有限的一部分地区：它就是罗马[7]，这个伟大的帝国，正是它给地中海及其沿岸地区带来了秩序。

在一战后的这些日子里，这个世界开始发生变化，欧洲及其文明在这个世界上丧失了统治地位。而且，人们丝毫没有意识到这一事态的严重性：因为它预示着权力和权威的更替。这一更替将何去何从？谁将取欧洲而代之，成为这个世界的统治者呢？难道必将有谁取而代之吗？如果没有谁能做到这一点，又会发生什么？

2

诚然，这个世界每时每刻都处于纷繁复杂的变化之中。当我们要说清道明发生于这个世界上的事情时，我们的努力常常是付诸东流，它只能让我们更加清醒地认识到我们的可笑。我们无法直接知晓事实的全部真相，正因为如此，除了虚构一个事实、设想事物正在以某种方式运行之外，我们还能做什么呢？不过，这一设想确实可以为我们提供一个大概的轮廓、一种观念或者说观念系统。通过这种办法，我们观察事实就像领航员借助象限仪（quadrant）一样，只能获得一个近似的印象。但这正是科学方法之所在，更准确地说，这也是整个知识之所在。当看到我们的朋友走向花园小径时，我们可能会说："这是彼得。"此时此刻，尽管我们是经过深思熟虑的，但还是不无讽刺地犯一个错误。因为，"彼得"这一称呼对于我们来说暗含了一系列复杂的行为，包括体质的行为与道德的行为——也就是我们所说的"性格"。显而易见的事实是，我们的朋友彼得本人与"我们的朋友彼得"这一概念有时根本就是风马牛不相及。

每一个概念，无论是最普通的概念还是最具技术性的概念，都有其反讽的支架，就好像切割得方方正正的钻石需要放置在金制的底座上一样。概念向我们传递的信息是极为严肃的："这是 A，那是 B。"但这种严肃却是别人在和你开玩笑时装出来的那种严肃，那种紧咬着嘴唇才勉强保持住的严肃，一旦忍不住时，他就会开怀大笑。实际上，概念同和你开玩笑的人一样，都清楚地知道，事情并不那么简单，A 不仅仅是 A，B 也不仅仅是 B。

一个概念的真实内涵与它表面上所说的之间还是存在一些细微差异的，而反讽就在于这种不一致。事实上，概念及其阐明者都是这样认为的：我非常明白这一点，即严格说来，这个事物并不仅仅是 A，那个事物也不仅仅是 B；但我通过把它们视为 A 和 B，就可以使我出于实用的目的而开始理解它们，并对它们采取一种切实可行的态度。

当然，关于理性知识（rational knowledge）的这种理论可能会让希腊人感到不舒服，因为，希腊人相信自己已经发现了理性，发现了概念，因而也就等于发现了事实本身。而我们则相反，我们认为理性，也就是概念，究其实质不过是人类司空见惯的一种工具而已。构成人类生活的现实世界实在是太浩瀚、太纷繁复杂了，以至于人们不得不借助概念来澄清自己在现实世界中的位置。生活就是一场与世界上各种事物的搏斗，以维护自己的存在，而概念就是我们为了回击进攻而制订的战略计划。因此，一旦我们洞悉任何一个概念的真实内涵，我们就会发现，对于这个事物本身，它什么也没告诉我们；但它却能概括出我们可以利用它来做什么，或者说它会对我们产生什么样的影响。这样一种约定论的观点（circumstantial view）认为，一个概念的内涵往往是变动不居的，它包含着两种可能性：要么是积极主动的，要么是消极被动的。据我所知，此前还没有人持这种看法，不过，在我看来它却是康德所开创的哲学方法的不可避免的结果。因此，如果我们顺着这条线来考察自康德时代以来的整个哲学，我们就会惊讶地发现，从根本上说，所有的哲学家都在不厌其烦地讲着同一件事，彼此重复着对方说过的话。每一个哲学发现都不过是一个剥除伪饰的过程，也就是去掉罩在事物外表上的掩体，露出其深层潜质而已。

当然，我所要谈的内容与哲学问题相去甚远，以上这些不过是一个条理不甚明晰的介绍罢了。我仅仅是想指出，在世界历史上实际所发生的无非就是如下一点而已：三个世纪以来，欧洲一直就统治着这个世界；然而，如今欧洲再也不会确信它现在是而且将来仍然是这个世界的统治者了。为了归纳出这样一个简单的公式，构成当前历史事实的诸多要素无疑得带上夸张的意味。因此，我们不能忘记这样一个事实：不管你愿意与否，思想就是夸张。如果你不想夸大其词，那么你最好就保持沉默；或者更糟糕一些，就是麻痹自己的心智，想方设法让自己成为一个白痴。

简而言之，我相信，上述这一趋势正是这个世界上所发生的关键性事件，而其他的一切都不过是这一趋势的结果、条件、征兆，或附带的事件罢了。

我并没有说欧洲的统治地位实际上业已丧失，而只是想指出，在这些时代里，欧洲对于它自己是否还保持着霸权、将来能否继续统治这个世界而感到深深的怀疑。与此对应的是，世界上的其他民族则产生了一种相关的心理状态，即怀疑自己现在是否还被其他人所统治，对此他们也是犹疑不决。

最近这些年来，人们都在大谈特谈欧洲的衰落以及西方的没落。不过，我想奉劝各位不要一提到欧洲或者西方的没落，就马上想到奥斯瓦尔德·斯宾格勒。事实上，在他的著作[8]出现之前，几乎每个人都在谈论西方的没落这一现象。并且，众所周知，这本书的成功之处就在于它所流露的那种疑虑早就以各种不同的方式存在于人们的头脑之中，尽管人们是出于极为不同的原因。人们从各自的角度出发，以不同的方式表达了这种怀疑。

人们对于欧洲的衰落谈论得如此之多，以至于许多人都把它视为一个 fait accompli［既成的事实］。然而，我认为他们并不是真诚地相信这一点，或者他们有十足的证据可以证明这一点；而是他们对此已经习以为常了，尽管他们根本想不起来到底是从什么时候开始产生这种信念的。它既不能真诚地唤起人们对这种趋势的执着信仰，亦不能清晰地给出欧洲衰落的日程表。

沃尔多·弗兰克的新著《重新发现美国》就完全将其立论基础奠定在"欧洲已经垂垂老矣"的假设之上。然而，对于这样一个被他用来作为根本性前提的重大事实，弗兰克既没有对它进行分析，也没有对它展开讨论，更没有对它提出任何质疑。在缺乏进一步研究的情况下，作者便将它作为自己的出发点，就好像这是无可争议的事实似的。弗兰克在其著作开头所表现出的这种轻率足以让我相信他本人对欧洲的衰落并不是确信无疑的，非但如此，他甚至从来就没有提出这个问题，也没有对自己的前提做过任何检讨。他这样做时，就如同自己在乘坐一辆电车，想都不用想。陈词滥调正是知识输送的电车轨道。

像他这样做的并不在少数，尤其糟糕的是整个社会、所有的国家都在循此而行，仿而效之。

在当前的世界中，人们的行为举止完全就如顽童一般。在学校里，当有人说老师已经离开班级的时候，这一群孩子马上就会尽情地撒野，不闹它个翻天覆地决不罢休。当他们解除了老师在场时所强加的那种压力,摆脱了规则的羁绊,感到可以成为自己命运的主宰时,他们每一个人都要尽情地享受这份欢愉。可是,一旦规划着他们的生活、指导他们各司其职、各居其位的规则和计划没有了着落时,这样一群由小孩构成的乌合之众就会找不到自己的恰当位置,变得无所适从,一切目标都会失去意义、连续性和目的,那时,他们唯一能做的事情就是头足倒立。

今天,那些较小的民族所表现出的轻举妄动着实让人感到可悲。因为据说欧洲正处在衰落之中,并且已经失去了统治权,于是,那些"半拉子"的新兴民族(half-baked brand-new nation)就开始跃跃欲试,行为乖张,甚至头足倒立,要么就是摆出一副老练成熟的样子,俨然成为自己命运的主人。于是乎,民族主义的浪潮一再进入我们的视野。

在前面的几章里,我试图将当今时代居于支配地位的那一类新人归为一个类别,我称之为"大众人"。并且,我已经指出这一类人的主要特征就在于他们感到自己是平庸的,却振振有词地要求平庸的权利,并拒绝服从任何高超于己的权威。如果说这样的心理状态在单个民族中占据支配地位是非常自然的话,那么,这种情况同时发生在多个民族之中也就不足为怪了。于是,就出现一些"大众民族"(mass-peoples),它们决意要反抗那些伟大的、具有创造力的民族,也就是创造了人类历史的那少数几个民族。当我们看到如下这一幕时,怎能不感到滑稽可笑呢:一两个蕞尔小邦,在地球上某个不起眼的角落里,踮着脚尖,声嘶力竭地指斥欧洲,并宣称欧洲在世界历史中已经失去了霸权地位。

其结果如何呢?欧洲业已创造了一整套的标准体系,数个世纪以来,它的效果与成就已经得到了证明。那些标准可能并不是——远不是——最优秀的;但毫无疑问,只要其他更好的标准还不存在或者还没有进入人们的视野,它们就依然不失为一套明确的、权威的准则。在取消这些标准之前,必须保证其他的标准已经形成。如今,这些大众民族却认定,欧洲文明所蕴含的那套标准体系已经破产;但是,他们却没有能力创造出一套新的准则,于是,他们显得无所适从,手足无措,只能以放纵撒野、头足倒立来打发时间。

当这个世界没有了统治者,变得群龙无首时,由此导致的第一个结果必然就是如此。这些反叛的大众民族,将无所事事,缺乏任何生活计划,得过且过。

3

有这样一个故事:一个吉卜赛人到教堂去做忏悔,

牧师谨慎地问他是否知道上帝律法的诫命。这个吉卜赛人回答道："嗨，神父，是这样的：正当我准备去学习这些诫命时，我却听说，人们要废除它们。"

当前世界的情形不正是这样的吗？谣言一起，人们即奔走相告：欧洲律法的诫命已经失去效力，即将被废除。于是，个人也好，民族也罢，都在伺机而动，寻求一种没有戒律的生活。然而，欧洲的戒律是现存唯一的戒律，所以，目前的问题并不像以前曾经多次发生过的那样：新的标准拔地而起，一举取代旧的标准；新的热情以其蓬勃的朝气吸纳已经逐渐冷却的旧有热忱。这是一个自然的过程。更何况，旧的原则之所以过时，并不是因为它已经时久力衰，而是因为它所面对的是一项崭新的原则，仅仅凭借自己是新生的这一事实，新原则就可以让那些旧原则成为历史的陈迹。同样的道理，如果我们没有孩子，我们自己就不会显得如此老态龙钟，或者说要过很长时间我们才会变老。机器也是如此，十年前制造的汽车看起来似乎比二十年前制造的火车机车还要古老，这只是因为汽车工业正在以越来越快的速度生产出一个接一个的新设备。由此看来，此种导致新生力量之崛起的"衰败"完全是正常的，是一种健康的征兆。

但是，当前欧洲所发生的事情却有些病态、不正常。一方面，欧洲的戒律已经失去效力，另一方面，在我们的视野中却没有任何其他戒律出现的迹象。我们听说，欧洲已经不再统治这个世界了，但我们还没有看到有谁能够接替它。我们通常所说的欧洲，首先就是指法国、英国以及德国这样三位一体的三个国家。正是在这三个国家所占据的势力范围内，人类的生存模式已臻于成熟，文明世界的秩序由此确立。如果真的像现在人们所宣布的那样，这三个民族正处于衰落之中，它们对生活的设计已经失去了价值，那么，整个世界正在走向土崩瓦解也就不足为怪了。

事实就是如此简单。整个世界——不管国家还是个人——都在变得支离破碎。这种衰颓没落曾一度让某些人感到兴奋鼓舞，甚至让他们想入非非，产生一种无端的幻想，这些卑微低贱的人现在终于可以如释重负了。摩西十诫（Decalogue）自被铭刻在石头上或模铸在铜器上的那一刻起，就一直保持着凝重的品性。从语源学上看，命令（command）本身就包含着负担（load）、将事物交付于某人之手的含义。那些发号施令的人难免要为人所厌恶，而这个世界上的那些卑微低贱的人恰恰又厌倦于服从和被人使唤，他们乘机从沉重的戒律中解放出来，享受一段闲暇欢快的时光。但是，这样的闲暇时光并不能持续多久。一旦没有戒律来责成我们的生活遵循一定的模式，我们的存在全然就是任意的，就会陷入一种"闲置"的状态。这是一种可怕的精神困境，就连当今世界上最优秀的青年也发现自己难以挣脱。在这种精神状态中，人们感到自己是自由的，免除了一切约束，然而，一种空虚感也随之而来。这种"闲置"的生活状态是对生命的否定，它甚至比死亡还要可怕。因为生存就意味着有某些确定的事情要去做，有一项使命要去完成，这样的话，我们就可以避免使我们的生命陷于空虚和无意义的泥淖。不久，人们就将听到一片可怕的呼喊声传遍地球，就像无数狼狗对着星星嗥叫，要求某个人或者是某种什么来发号施令，来强制分配一项职业、一桩任务。

这非常契合于那些幼稚地向我们宣称欧洲已经不再占据主导地位的人。发号施令就意味着要让人们有事可做，为他们指明方向，使他们安于自己的命运；亦即防止他们漫无目的地度过空虚、枯寂的一生。

倘若有谁能够取代欧洲的话，那么，欧洲不再作为一种主流文化而占据统治地位，又有什么要紧呢？然而，我们还很难发现新文明的任何蛛丝马迹。纽约也好，莫斯科也好，相对于欧洲来说，都没有任何新奇之处。它们同是欧洲秩序的一部分；一旦同其他部分相分离，它们就会失去其意义。实事求是地说，人们不愿意谈论纽约和莫斯科，因为人们实际上对它们知之甚少；人们唯一可以确信的就是，对这两个地方中的任何一个都还没有定论。然而，虽然我们还没有充分地了解它们，但我们已经足以理解其本质属性。实际上，它们非常符合我有时所说的"历史的假象"（phenomena of historical camouflage）。就其本质而言，假象就是事实与它看起来不相一致的现象。假象的外观不是揭示其实质，而是隐匿其实质。因此，大部分人都被蒙在鼓里，只有那些先知先觉的人才可以识破这些诡计。一般来说，这就是假象，它同海市蜃楼如出一辙。不过，我们用以揭示现象的概念能够修正我们视觉上的错误。

在每一例历史假象的背后，我们都可以发现两个层次分明的事实：一个层面是真实的、具有实质性意义的，它隐藏于事物的深处；另一个层面则是外观的、偶然的，它浮现在事物的表面。因此，我们在东欧平原中部看到了欧洲思想观念——极权主义——的一道帘幕，极权主义是根据欧洲的现实与问题构想出来的。而藏在这道帘幕背后的却是这样一个民族，它不仅在人种上与欧洲人截然不同，而且更重要的是，它所处的时代也与我们判然有别。这个民族还处在成长前的躁动与不安之中，也就是说，它还是一个幼稚的民族（child-people）。因此，在东欧平原中部，欧洲的思想——极权主义占据了主流地位，它是以欧洲的现实及其面临的问题为出发点在欧洲被建构出来的。假如极权主义在这样一个几乎没有什么工业的地方取得了胜利，那可真是一个天大的悖论。当然，这样的悖论事实上并不存在，因为极权主义根本就不会在这里取得胜利。说这里的人是极权主义者，其荒谬程度不亚于说神圣罗马帝国的日耳曼人就是罗马人。这些新兴的民族是毫无思想观念可言的，当它们成长于一种古老文明依然存在或曾经存在过的氛围中时，它们往往用这一古老文明所提供的思想观念来伪饰自己，这就是新兴民族的假象及其动机。

正如我在其他一些场合中所指出的，人们通常忘记了在民族进化过程中存在着两种主要的类型：有些民族于混沌之初即开启文明之光，比如埃及人或中国人。对于这样的民族来说，一切都是自生自发的，其一举一动都带有自己明确而直接的意识；而其他一些民族则不然，无论是其萌生还是成长，都处于另一种历史悠久的古老文明的阴影之下。罗马人就是这样一个民族，它孕育于地中海世界，其血液中流淌着古代希腊—东方（Graeco-Oriental）文化的因子。因此，罗马人的方式有一半不是他们自己创造的，而是以文化传承的方式习得的。通过学习、传承而获得的行为方式往往具有两面性，其真实的意义是间接的，而不是直接的。当人们在实践一个学习来的行为时，其外在举止之下通常隐藏着他们自己真实的行为。比如，在说一个外语单词时，人们常常会将它翻译成自己的母语。因此,为了识破伪饰的假象,我们有必要通过一种迂回的方式进行观察,譬如说,去看一看人们是如何凭借一本词典就翻译外来文本的。我正等待着一本将东欧平原中部之极权主义转译成其历史的著作的出现。因为,东欧平原中部的力量在于那里的人所拥有的力量,而不在于极权主义者所拥有的力量。然而,天知道它会是什么样子。唯一可以确定的就是,它要想在国际事务中执掌霸权还需要若干个世纪的韬光养晦,因为,它还缺乏统治的规则,还不得不伴装笃信极权主义这一欧洲的原则。因为它年轻而且精力充沛,所以,像极权主义这样的虚构对它来说就已经足够了。年轻人不需要生活的理由,他只需要各种借口。

东欧平原中部如此,纽约发生的情况也没什么两样。在这里,人们将它的实力归功于它所遵循的规则。这同样是一个错误,因为这些规则归根结底可以简化为一条:科技或科技主义。但无独有偶的是,科技主义又是一个欧洲人的发明,而不是美国人的发明。科技主义是18至19世纪欧洲的发明。同样不可思议的是,美国正是在这两个世纪中才开始形成。人们煞有介事地告诉我们说,美国的实质在于它对生活所持的实用主义的态度和技术主义的观念。他们就是想不到,和其他所有的殖民地一样,美国不过是那些古老的民族,尤其是来自欧洲的那些民族的返老还童罢了。美国的情况与东欧平原中部亦有所不同，它还为我们所说的"新兴民族"（new people）这一特殊的历史实体提供了例证。人们常常将新兴民族视为一个空洞的词汇，但实际上，它生动而准确地表述了这样一个事实，就像把"年轻"一词用在人身上一样：美国由于其年轻而强大，这使它能够为科技主义这一现代律令提供服务；就好比说，如果佛教成为当今世界之秩序的话，它就很有可能为佛教提供服务。但即使在它这样做的时候，美国自己的历史也才刚刚起步，它所面临的考验与磨难、纷争与冲突才刚刚开始。它还有许多事情需要做，其中有一些可能与技术主义以及实用主义南辕北辙。美国比俄国还要来得年轻。我一直坚持认为——虽然有夸大其词之虞——美利坚民族纵使有最先进的发明创造作为掩饰，但它在本质上仍然是一个原始的民族。* 在《重新发现美国》一书中，沃尔多·弗兰克对这一点直言不讳。美利坚民族还需要苦其心智，劳其筋骨。认为这个民族已经具备了发号施令之资格的看法，还只是一个雾里看花、水中望月的幻觉。

如果没有哪个民族执掌统治权，那么世界历史必将

---

* 参见笔者《黑格尔眼中的美国》（Hegel y America）一文，载《观察者》，第7卷，1930年。

由此再次堕入混乱的状态，任何一个不愿意看到这种悲观结局的人都只能回到我们的出发点上来，并严肃地问自己这样一个问题：欧洲真的像人们言之凿凿的那样已经衰落了吗？欧洲真的要置自己的统治权于不顾，挂冠而去吗？这种表面上的衰落难道就不会变成一场有益的危机，从而使得欧洲成为名副其实的欧洲？欧洲各个民族的衰落是显而易见的，但假使有一天一个欧洲合众国（United States of Europe）成立了，欧洲的多样性为其形式上的大一统所取代，那么，这种衰落又何尝不是一个先验的必要条件呢？

4

在任何一个社会中，命令与服从的功能都是决定性的。只要"谁发号施令，谁唯命是从"这个问题尚未解决，那么，其余的一切都将是一团糟，注定要不完善且缺乏效率。甚至是人的良心——除了极个别的特殊例外——也会受到扰乱和扭曲。除非人是一种孤独的存在，只是偶尔才与外界发生联系，否则，他就不可能摆脱这些纷扰，尤其是统治权力的转移与危机所带来纷扰。但是，人就其内在的本性来说是一种社会的存在，严格地说，每一个人性格特征的变化常常是集体影响的直接后果。因此，如果我们对一个人单独加以考查和分析的话，我们甚至无须更多的资料就可以确定一个国家是如何就命令与服从之间的关系来组织其国民的良知（country's conscience）的。

如果用这种方法来测试一下普通西班牙民众的个性特征，那将是饶有趣味的，也是不无裨益的。不过，它操作起来却是十分令人不快的，所以，我这里不打算对此多加深究。只要看一看几个世纪以来西班牙民族在命令与服从这个问题上其是非之心所犯的错误，我们就可以知道我们同胞在个性人格上堕落、退化到何种程度了。这种堕落与退化恰恰就在于将混乱的、不规范的统治视为一种正常的既定状态，或者说即使认为它是错误的，却还继续加以接受。正是由于那些本质上是不健康的、反常的东西不可能转变成健康的正常状态，所以，个人决定通过使自己成为罪孽与不规范的一部分，从而适应错误。这一机制非常类似于一条谚语所说的："一次撒谎装得像，得有七次假话帮。"任何一个国家都要经过这样一个阶段，在这个阶段里，那些没有资格行使统治权的人千方百计地想要进行统治；但是，一种抵制此种僭越的强烈的本能却最终占据了上风，它迫使人们集中全民族的力量来粉碎对权力的非法觊觎。这样的民族会拒绝哪怕是一时片刻的非法统治的存在，并由此重振一个民族的士气民心。但是,西班牙人却反其道而行之:他们不是去抵制那些为他们的良心所拒斥的权威形式,而是宁愿扭曲自己的本性以适应那些一开始就是虚幻的事物。只要此种态度于我们国家中一日不绝,我们就不要指望我们这个民族能产生什么有价值的东西。任何一个社会,只要它的国家、它的权威在本质上还带有欺骗性,那么,它就不可能拥有充沛的活力以确保自己在历史上占据一席之地。

因此,毫不奇怪的是,在"谁行使统治权"这个问题上,哪怕是丝毫的犹疑或片刻的踌躇都足以将每一个人推向道德堕落、纪律松弛的深渊,不管是在公共生活领域还是在私人生活领域。

人的一生,就其本质而言,注定要奉献于某些事物:从事一项荣耀或卑微的事业;接受一种显赫或平凡的命运。我们所面临的境遇是陌生而又冷酷无情的,但它却与我们每一个人的生存息息相关。一方面,活着就是要求每一个人为自己做分内的事情;另一方面,如果我的生活只属于我自己,只关乎我自己,而不是在我的引导之下有所追求,那么,生活将会变得支离破碎,缺乏必要的张力和外在形式。[10]这些年来,我们一直都在目睹这样一个巨大的场面:无以数计的人由于没有自己奋斗的方向,因而只能在自己的迷宫中漫无目的地徘徊。所有的诫命、所有的规则都被置于一种悬而未决的状态之中。这似乎是一种理想的状态，因为现在每一个人的存在都可以完全按照自己的方式，做自己喜欢做的事情，自己照顾自己。每一个民族同样也是如此。欧洲对世界的压力如今已经有所松懈，但是其结果却与人们所期望的完全背道而驰。每一种生活在放纵自己之后，依然愚闭、空虚、无所作为。而当它感到不得不用某些东西来填补自己时，它就为自己"发明"出一些虚妄之物聊以自慰，从事一些毫无意义的活动来自欺欺人。今天是这样，明天又是那样，哪怕前后南辕北辙亦无关紧要。

当生活发现自己已是孑然一身的时候，它就迷失了自己。纯粹的自我中心（egoism）是一个迷宫；这一点很容易理解。真正的生活就是被导向某个事物，朝着一个目标前进。这一目标既不是我的动机，也不是我的生活本身，它是我的生活所奉献的事物，因此，它外在于我的生活，又超越于我的生活。如果一个人只打算在自己的生活小圈子里自成一统，任意而为，那么，他就不可能取得任何进步；而只能围着原地打转。这就像一座迷宫，一条哪也不能通向的死路，陷于其中，除了围着自己打转之外，一事无成。

一战以后，欧洲人就开始走向自我封闭，无论是给自己还是给他人都没有留下任何计划。因此，从历史的角度来看，我们依然在十年前的起点上裹足不前。

发号施令并不在于虚张声势，它意味着一种施之于他人的压力，然而，它也不仅限于此。因为，如果发号施令仅仅是一种压力的话，那么，它就纯粹变成了一项暴力。我们千万不要忘记，发号施令是一把双刃剑：一方面，有人接受命令；另一方面，他受命去做某事。并且，从最终来看，接受命令就是参与一项伟大的事业，投身于一种历史的命运。因此，如果没有生活的计划，或者更确切地说，如果没有一项帝国生活的蓝图，就不会有帝国的存在。正如席勒[11]在他的诗句中所说的："只要国王大兴土木，马车夫就会有活可干。"

有人认为，伟大的民族同伟大的个人一样，其丰功伟业都是基于自私自利的激励，这里我们显然不能采纳这种浅薄的观点。成为一个纯粹的自我中心主义者并不像我们想象得那么容易，我们也没有见过这样的人曾经取得成功。无论是伟大的民族还是伟大的个人，他们表面上的那种自我中心主义不过是其不可动摇的坚定意志罢了，这是任何一个赋予自己生活以重大使命的人都必须具备的。如果我们真正想做出一番伟大事业，全身心地投入到某一个目标中去，我们就不要奢望抓住每一个能够表现我们利他主义精神的机会，时刻准备帮助每一个过客。让那些到西班牙旅游观光的游客们最感到满意的就是西班牙人的热情，游客如果在街道上迷了路，向过路的西班牙人询问某一个建筑或广场在哪里，那么，这位西班牙人通常会置自己的行程于不顾，慷慨地牺牲自己的时间，而把这个陌生人带到他想去的地方。这里，我并不想否定这种行为所体现出我们西班牙人慷慨好客的美德，并且，我对外国人如此解释西班牙人的行为感到非常高兴。但是，每当听到或者看到此类事情的时候，我总是忍不住产生这样一个疑问：我们热忱善良的同胞真的会把问路的人带到他想去的任何地方吗？因为从许多事例中可以看出，西班牙人似乎哪都不想去，他们既没有自己的目标，也没有自己的计划；他们宁愿走出自己的生活去观望别人的生活，看看别人的生活能否为自己的生活填补一点意义。我非常清楚地知道，我们的同胞时常走上街头去看一看是否能遇到某个陌生人，以便陪伴他到达某个目的地。

姑且不论那些由于年幼无知而依然停留在史前阶段的民族，对欧洲是否还执掌着统治全世界的霸权所产生的怀疑已经弥散到欧洲之外的其他民族，这是非常严重的一个问题；然而，更为严重的是，一个关系到生死存亡的时刻已经到来，因为欧洲人自己也开始认可这种怀疑，并完全陷入消沉之中。我不会因为我自己就是一个欧洲人或者多少算一个欧洲人而隐讳这一点。我也不会认为，如果欧洲人在不久的将来不再统治这个世界，我就会对这个世界的生活失去兴趣。只要这个世界上还有一些民族愿意并且能够取代欧洲执掌统治权，并能指引这个星球的方向，那么我就不会为欧洲领导权的丧失而自寻烦恼，我甚至都不会如此地多加过问。但是，假如情况不是这样，反倒是欧洲人的所有美德与品质由此毁于一旦，那么，我宁愿选择一个没有人统治的世界。

然而，它的发生却是不可避免的。如果欧洲人逐渐习惯了不去统治，那么，不出一个半代的时间，古老的欧洲大陆连同整个世界就会堕入一种道德颓惰、智识贫乏的普遍野蛮主义状态。唯有对统治权的热切期望以及由此产生的严于律己的训练，才能使西方人在精神上保持一种必要的张力。科学、艺术、技术以及所有的一切都有赖于权威意识所创造的激励性氛围。如果缺乏这样一种氛围，欧洲人就会逐渐退化，他们的心灵将会失去那种根深蒂固的信仰，而正是这种信仰激励着他们精力充沛、义无反顾、坚韧不拔地追求生活每一个层面中的伟大的新观念；缺乏这样一种氛围，欧洲人将不可避免地成为得过且过、随波逐流的人。由于缺乏创造精神和深入钻研的努力，他将退回到昨天，永远地驻足于习惯与例行公事。他将成为一个平庸、琐碎、空虚无聊的造物,就像衰退时期以及整个拜占庭时代的希腊人一样。

富有创造性的生活意味着一种精神健康、行为高尚的制度;同时,它还需要不断地刺激,以激发人们保持一种充分的尊严意识。富有创造性的生活是一种朝气蓬勃的生活,而此种生活只有在这样两种情况下才有可能实现:一种情况是自己掌握统治权,另一种情况则是在得到我们认可的其他人的统治之下摆正自己的位置,总而言之:一个人要么统治,要么服从。当然,我这里所说的服从并不是指纯粹的屈服——唯唯诺诺的顺从只能导致退化;恰好相反,服从是指尊重统治者,心悦诚服地接受他的领导,紧密地团结在他的周围,并满腔热忱地追随他的旗帜。

5

现在,就让我们再次回到本文的出发点上来,看一看这一让人匪夷所思的事实:这些年来有这么多的人在大谈特谈欧洲的没落。然而,更奇怪的是,首先注意到这种衰落的并不是外人,而是欧洲人自己,这是他们自己的发现。在欧洲这个古老的大陆以外还没有人想到欧洲的没落之时,一些德国人、英国人和法国人就已经产生了这样一种疑惑:"我们是否正在走向衰落?"这一想法立即博得了满堂的喝彩,并且,现在几乎每个人都在谈论欧洲的衰落,就好像它是一个不容辩驳的事实一般。

但是,只要打断一下人们对此所做的声明,并询问他们到底有什么具体、确凿的证据可以支撑这一判断,你马上就可以看到,那些对欧洲颓废大事张扬的人只会像遭遇海难的人一样,做不出任何意义明确的手势,他们含含糊糊,只能一个劲地挥动着双臂试图抓住什么。事实上,他们根本不知道有什么东西可以攀缘。当人们尝试着为欧洲目前的衰落下一个定义时,在人们头脑中浮现的不是那些具体而微的细节,而是那些让每一个欧洲国家都感到焦头烂额的、错综复杂的经济难题。然而,只需对这些困难的本质稍做分析,我们就会发现还没有哪个经济问题足以严重到影响创造财富的力量,更何况,古老的欧洲大陆曾经经历过比这要严重得多的经济危机。

或许,现在出现的是这样一种情形:今天的德国人或英国人认为自己不可能再创造出比以前更丰富、更美好的事物了?根本不是这么回事。这里,我们非常有必要考量一下德国人或英国人在经济领域产生这种心理状态的真正原因。通过考察,人们会惊讶地发现,他们沮丧绝望的心理状态并不是来自无能为力的感觉,恰好相反,他们感到自己比先前拥有更大的潜能,但受到了一些致命障碍的掣肘,致使他们无法淋漓尽致地施展自己的才能。在现实经济领域里,德国、英国、法国发展的致命障碍是各国的政治边界。因此,问题的真正根源不在于可能会出现的这样或那样的具体经济难题,而在于这样一个事实,即公共生活的形式(the form of public life)不足以容纳经济潜力的发挥,而公共生活形式正是经济能力赖以发展的空间。

就我个人的观点而言,在欧洲的巨大潜能与其得以发挥的政治组织形式之间存在着严重的失衡,正是这种不均衡导致了这一时期欧洲人的萎缩感、挫折感和无力感,欧洲的活力必然由此受到沉重的压制。

要解决此类危急、深刻问题的冲动一如既往地显得那么迫切,但是,这股强大的冲动却由于当前欧洲分裂为一些相对较小的民族而受到束缚,在这些狭小的樊笼之中,任何事物都被捆住了手脚,动弹不得。如今压负在欧洲人心灵之上的悲观主义、沮丧感就好像笼中的小鸟,每当它展翅欲飞时,就会撞到鸟笼的铁栏杆上。

在其他领域,这种情况亦比比皆是,尽管这些领域中的要素明显地不同于经济领域。比如,以智识生活为例,如今无论是在德国、英国,还是在法国,几乎每一个知识分子在自己的国家里都感到备受窒息,自己的国家似乎成了一种绝对的限制。德国的教授现在开始认识到局囿在与他密切相关的那个小圈子里进行写作是荒谬的，他们开始向往法国的作家和英国的散文家所享有的那种较高层次的自由。反之亦然，巴黎的文人们也开始意识到注重雕琢的文学传统以及修辞中的形式主义传统已经日渐消亡，他们趋向于在保留这一传统优良品质的同时，融入德国的教授们所具有的某些优点。

同样的事情也发生在国内政治层面。目前几乎所有伟大的民族在政治生活中普遍都处于低潮，但我们至今还没有看到任何一项敏锐的分析对这一奇怪现象做出说明。我们经常听人说民主政体如今已经失去了威望，这是需要做出解释的，因为说民主政体已经失去了威望显然是叫人疑惑不解的。议会制到处都为人所诟病，但我们却没见到有哪个国家试图用别的制度来替代它，甚至也没有哪个乌托邦式的国家设计看起来更理想、更可取。这样看来，民主政体的威望已经丧失这一说法的真实性就不是那么可靠了。因此，在欧洲，并不是作为公众生活之工具的制度在走向败坏，而是人们使用这些制度的目的出了问题。欧洲目前恰恰就缺少一种自觉的计划以满足个人生机勃勃的生活能力。

这里，我们应该彻底澄清这种幻觉，这一点是非常重要的，因为，此类荒谬绝伦的言论不绝于耳实在让人痛心疾首。就拿对议会的看法来说，对议会的传统运作方式存在着各种看似合理的批评，但是如果对它们逐一进行分析的话，我们就会发现，其中没有一个可以证明议会应该被取消这一结论是正确的；相反，所有这些批评都只是直言不讳地指出议会应当进行改革。

事实上，人们对任何一种制度所能说的最好的就是它需要改革，因为这就意味着它是不可或缺的，同时也表明它能够适应新的生活。如今的汽车正是1910年以来人们对它不断提出批评，从而加以改进的结果。但是，流俗对议会的鄙薄却绝对不是产生于这样的批评，例如，有人说议会现在失去效力了。对于这种看法，我们不禁要问："议会失去效力的原因是什么呢？"所谓效力是某种工具在实现某个目的的过程中所具有的功效。在这里，议会的最终目的就是解决各个国家的公共问题。因此，对那些宣称议会已经失去效力的人，我们不妨问一问，他们是否对解决公众问题的方法有一个清晰的想法？因为，如果到目前为止没有哪一个国家对到底应该做什么这个问题有一个明确的回答——哪怕是理论上的设想都可以，那么，指责这一制度是无效的就毫无意义可言了。

我们最好提醒大家记住：历史上还没有任何一种制度能够比19世纪的议会制度创造出更强大、更有效率的国家。这一事实是如此地无可置疑，以至于忽视或忘记这一点就等于是十足的愚蠢。因此，我们千万不要把如下两个问题混为一谈：一是为了使立法机关"更加有效率"而对它们进行彻底改革的可能性与紧迫性;二是由此把它们说得一无是处。

议会威望的丧失与其众所周知的缺陷之间并无关联,这全然不是因为议会被视为一种政治工具;议会威望的丧失是由于其他的原因,那就是欧洲人没有把它们运用于恰当的目的,与此同时公共生活的传统目标又不再受到尊重。总而言之,当前的欧洲人对自己所属的民族国家(national States)已不再抱有任何幻想,在其中,他们发现自己受到了束缚,就如同囚徒一般。如果稍加仔细地考察一下人们对议会所加的诸多贬损之词,我们就会发现,无论是在英国、德国、还是在法国,大多数公民已经不再尊敬自己的国家。在制度的各项细节上进行修修补补已经无济于事,因为受到攻讦的并非制度的细节,而是整个国家都已经变得微不足道。

当前欧洲人所有的计划与方案——不管是经济的、政治的、还是智识的——无一不受到自己国家的限制,因此,他们首次感到自己的生活潜能、自己的生活方式与他们置身其间的集合体(collective body)无法实现平衡。于是,他们发现成为英国人、德国人或是法国人,就好比成为狭隘的乡下人。他们发现自己比从前更加"渺小"了,因为以前每一个英国人、法国人和德国人,都相信自己就是整个世界。在我看来,这就是今日令欧洲人痛苦不堪的那种没落感的真正根源。因此，欧洲的衰微没落，其根源纯粹是一种内在的感觉，同时，它也是悖谬的，因为此种没落的预设前提恰好源自这样一个事实，即一方面他们的能力已大为增强，但另一方面，他们却发现自己受制于一种过时的组织，在这种组织中已没有足够的空间供其施展才能。

作为上述观点的一个例证，我们可以把汽车的生产制造作为一个具体事例。汽车完全是欧洲人的一项发明，但是，今天北美的汽车产品却显然要略胜一筹。因此，我们可以说，欧洲汽车工业正处在衰落之中。可是，欧洲的汽车制造者却非常清楚地知道，美国的汽车产品之所以优秀并不是因为大洋彼岸的生产者具有什么特别的才能，而是因为美国的厂家拥有一个广阔的市场，他们可以不受任何限制地向大约 1.2 亿消费者供应产品。让我们设想一下，如果一个欧洲的汽车生产厂家能够拥有一个包括了所有欧洲国家及其殖民地和保护国的市场，那么，没有人会怀疑为 5 亿或 6 亿消费者所设计的汽车会比福特汽车更加物美价廉。几乎可以肯定，美国生产技术所具有的一切优点都是其市场广阔与均衡带来的结果，而不是其原因。工业的"合理化"是其根据市场范围的大小自动发生作用的结果。

因此，欧洲当前的真实情形是这样的：它悠久且辉煌灿烂的历史已经把它带到了一个崭新的发展阶段，在这一阶段里，一切事物都大为扩展与增强；但与此同时，过去残存下来的制度却日益变得狭小并成为进一步发展的障碍。欧洲是以一些小民族的形式发展起来的。在某种意义上，我们可以说，民族国家的观念与情感是欧洲最具特色的发明。然而，现在，它发现必须得超越自己。这就是在未来的几年中欧洲必然要上演的伟大历史戏剧的轮廓。欧洲能摆脱这些残存物的限制吗？抑或甘愿永远做它们的囚徒？因为，在历史上确实曾经发生过这样的事件：一个伟大的文明[12]由于没有能够采用新的国家观念来代替传统的国家观念而彻底消亡了。

6

我在其他地方已经描述了古代希腊—罗马世界所经历的痛苦与死亡，具体的细节读者可以参考我的那部分著述。* 但是，现在我们将从另一个角度来重新审视这个问题。

---

* 参见笔者的《论罗马帝国的覆灭》（Sobre la muerte de Roma）一文，载《观察者》，第6卷，1927年。（30年代英译本没有具体指出文章的标题，根据80年代英译本补译。——译注）

古代希腊人与拉丁人一开始登上历史的舞台，就居住于城市，也就是polis［城邦］之中，就如同蜂群聚集于蜂巢一样。这是一个再简单不过的事实，但其起源却充满了神秘色彩；我们将直截了当地把这一事实作为我们的出发点，就好像动物学家总是从一个众所周知的、几乎不用多加解释的事实开始其研究一样：为什么sphex［细腰蜂］离群索居，到处游荡，而金色的蜜蜂却密集地拥挤在蜂房中？*出土文物与考古学的发现使我们得以知晓城市出现之前在雅典和罗马这些土地上的大致情况，但它们是如何由全然没有特色的纯粹农耕生活这样一种史前状态，转变为城邦林立这样一种孕育于半岛环境的崭新状态的，至今仍然是一个不解之谜。我们甚至对那些史前民族与这些独特的共同体在人种上的渊源关系都不甚了了。然而，这些共同体为人类的文明宝库所做的伟大贡献却是有目共睹的：他们开辟一个公共广场，并

---

* 这就是物理学和生物学思考问题的方式，它构成了所谓的博物学家的理性（naturalist reason），由此，它们向世人证明它们比"历史理性"更少合理性。因为当历史理性对现象做深刻的检查时，它不仅仅是像我们这样只言片语地草草而过，它拒绝承认任何事实是绝对的。对"历史理性"而言，推理包括了在揭示其起源时让所有的事实流动。参见作者的散论《历史是一个体系》(*Historia como sistema*, R. de O., 2nd ed.)。（30年代英译本没有这个脚注，根据80年代英译本译出。——译注）

在其周围建造城市,使之与旷野隔离。实际上,对 urbs [城市]或城邦最精确的定义非常类似于对大炮的粗略而有趣的定义,所谓的大炮,就是取一根管子,并环绕着它紧紧地包上一些钢铁。同样的道理,城市或者城邦起初也就是一块空地,也就是罗马人所谓的 forum [广场],希腊人所谓的 agora [集市];其他所有的设施都不过是用来固定这一空间,确定其轮廓的一种手段而已。城邦最初并不是指一个居民点的集合体,而是指公民集会的地方,一个服务于公共利益的空间。

村舍或 domus [屋宅]是用来遮风避雨或者繁衍种群的——因此,它们是个人与家庭所关心的地方;而城市、城邦却是用来讨论公共事务的。这一发展所具有的意义绝不亚于创造出一个远比爱因斯坦所发现的空间更为新奇的空间。在此之前,只存在一种空间,那就是空旷的原野;它包括了人类生存的一切活动成果。原野中的人依然处于一种类似于植物的[13]状态之中,他的生活,他所有的感觉、思考与愿望都还保持着植物般的迟钝、呆滞。从这一点来看,亚洲和非洲的伟大文明同植物具有高度的相似性,都了无生气。但是希腊—罗马人却决定要走出原野,脱离"自然",与地表植物的宇宙秩序(geo-botanic cosmos)决裂。这如何可能呢?人类如何能从原野中撤退呢?

既然整个地球就是一个如此广袤、无边无际的原野，他又能去哪里呢？实际上非常简单：他可以借助于围墙，从这片原野中划出一部分来，这样，他就建立了一个封闭的、确定的领地以对抗这一浩瀚无垠的空间。在这里，他就可以拥有一个公共的广场。它不像房屋那样是一个有屋顶遮盖的"安乐窝"，也不像大地上的洞穴，它完全是对原野的断然否定。

广场、集市本是原野的一部分，但由于为围墙所环绕，所以它避开了原野的其他部分，并把自己置于同它们相对立的地位。这块狭小的，但具有叛逆精神的空间从无垠的旷野中超离出来，守护着自己的领地；它是别具一格的一方净土，是一块全新的空间，人们于其间摆脱了动物和植物群落状态，把它们抛在一边，并由此营造一个完全属于人类的文明空间（civil space）。因此，苏格拉底这位伟大的公民、城邦精神的典范，会这样说道："我对田野中的树木没有兴趣，我只与城邦里的人打交道。"试问一下，那些印度人、波斯人、中国人或者埃及人，他们能够理解这一点吗？

直到亚历山大大帝[14]和恺撒的时代为止，整个希腊和罗马的历史各自都包含了这样两种空间之间无休止的战争：理性的城邦与自然的原野，立法者与农夫，jus［法律］与 rus［乡村］。

千万不要误认为这种关于城邦起源的理论只是我个人的臆想或者仅仅是一个象征性的真理。希腊—拉丁城邦的居民在其记忆的最深处仍然保留着对 synoikismós 的原初记忆,不必为这个词的古希腊原文绞尽脑汁,只要把它简单地翻译过来就可以了。Synoikismós 的意思就是"共同生活的决定";因此,这个词具有严格的双重意义,它是一种物理上的集合,也是一种法理上的集合。就如同植物散布在乡间一样,在城镇当中也聚集了大量的市民。城市就是一所"超级住宅"(super-house),它取代了类人猿的洞穴或巢垒;它是比家庭的 oikos [住房] 更高级、更抽象的实体之造物。这就是 res publica [共和国,公共事务][15],就是 politeia [政制,生活秩序][16],它不是由男人和女人组成,而是由公民构成。这是人类生活的一个崭新维度,它再也不可能还原到与动物为伍的原始维度;在这个维度中,从前仅仅是为存在而存在的人开始充分发挥其旺盛的精力。城邦——国家的雏形——由此诞生。

依照统一的方式,整个地中海沿岸地区开始自发地出现向这种类型的国家过渡的趋势。北非(在那里,"迦太基"[17] 就是城市的意思)也以各种形式或多或少地重复了同一现象。意大利甚至直到 19 世纪才抛弃城市国家(City-State)这种形态。我们西班牙的东部海岸地区很容易就分裂为各自为政的州郡,同样是受到了古代灵感

的激发。*

由于城市—国家的规模相对较小，所以我们可以清楚地了解国家原则（State-principle）的特殊性质。一方面，"国家"（state）一词意味着各种历史力量已经达到了一种均衡、稳定的状态。在这个意义上，它包含了与历史运动相对立的一面：国家实际上是一种稳定的、组织化的、静止的生活形式；同所有的均衡状态一样，这种静态的、固定不变的形式取消了创造和维持国家所必需的动力。总之，它使我们忘记了国家的最终形成不过是此前一项历史运动的结果罢了，它的形成需要斗争和努力。国家的形成过程先于固定的国家形式，这是国家运动的一条法则。

通过以上的分析，我认为，国家并不是一种人类唾手可得的社会形式，它的建立需要人类付出辛勤的劳动。它

---

* 指出这一点是非常有意思的，那就是在西班牙的加泰罗尼亚地区（Catalonia，西班牙东北部的一个三角形地带，位于法国和地中海交界处，巴塞罗那是其首府。该地区在历史上曾经是一个独立的国家，并发挥过十分重要的作用，后来与阿拉贡合并为阿拉贡王国。1469 年阿拉贡与卡斯蒂利亚合并为西班牙后，它成为西班牙的一部分。——译注），两种相互对立的趋势并行不悖：欧洲的民族主义和巴塞罗那的地方主义。在巴塞罗那，早期地中海人的那种脾性仍然残留。我在其他地方曾经说过，西班牙东海岸的人是古代人（homo antiquus）在伊比利亚半岛的遗子。

不可能像群落、部族以及其他以血缘为基础的社会群体那样，无须人们的通力合作就可以自然而然地形成。恰恰相反，只有当人们奋力挣脱仅仅由于血缘关系就成为其一员的自然社会的时候，国家才开始形成。我们这里只是把血缘关系作为一个典型，实际上我们也可以把它推广到其他任何一种自然法则上，比如说语言。就国家的起源而言，国家是种族与语言的一种混合。它是对一切自然社会的超越，在种族上它是杂交的，在语言上它是多元的。

因此，城邦形成于各个民族的联合与统一。它在生理因子异质杂合的基础上，建立起一种法理上的抽象同质结构。* 当然，这种法理上的统一与推动国家形成的创造性运动的原动力并不是一回事。这种推动力要比纯粹的合法性更为真实、持久；这一关乎民生的事业蓝图，比靠血缘联系构成的小群体可能设想出的计划要伟大得多。在任何一个国家形成的过程中，我们都可以发现或想象出一个伟大的"团体发起人"（company-promoter）的形象。

如果研究一下国家在诞生之前那一刻的历史情形，我们往往会发现以下的发展轨迹：当时存在着各种各样小的共同体，它们的社会结构可以保证每一个共同体都能够独善其身。也就是说，每一个共同体的社会形式都

---

* 法理上的同质结构并不一定意味着中央集权。

只为一种"内部"的共同生活服务。这就表明，在过去，它们实际上生活在孤立的状态之中，除了偶尔在边境上与其近邻发生一些短暂的接触之外，它们完全是自给自足的。但是，继这种实际是相互隔绝的状态之后出现的却是一种"外部的"共同生活，尤其是在经济领域。每个群体中的个人再也不能仅仅生活在自己的小圈子中，他的一部分生活开始同其他群体中的个人联结到一起，同他们发生商贸或者知识的联系。于是，在"内部"与"外部"这两种共同生活之间便出现了一种不均衡。既定的社会形式——法律、习俗、宗教信仰——有利于内部的生活，但它们却给新的、更广阔的外部生活带来了麻烦。在这种情况下，国家的原则就成了一种运动，它趋向于取消内部生活的社会形式，并代之以一种适合于新的外部生活的社会形式。如果把这些抽象的公式运用到欧洲当前的实际情形中来，它们就可以获得具体的形式与特征。

除非某个特定民族的心智能够断然放弃一种共同生活形式的传统结构，并且能够设想出一种以前并不存在的结构，国家才可能被创造出来。国家的产生是一个真正的创造性过程，它的出现完全得益于伟大的想象。因此，所有的民族在它们向国家进化的道路上，都存在着一个限度，这一限度正是大自然所加之于它们想象力的。

古希腊人和古罗马人，他们能够想象出城邦的形式，城邦既可以克服旷野的分散状态,又可以在城市的墙垣之前悬崖勒马。有人试图进一步扩展希腊—罗马人的心智,试图将他们从城邦中解放出来,但这只能是杜费心机。古罗马人在想象力上的局限性充分地体现在布鲁图斯[18]身上,他图谋杀害古代想象力最伟大的代表者恺撒。对我们当代的欧洲人来说,回顾这一段插曲是非常重要的,因为历史的这一幕在我们今天正在重演。

7

在古代世界,恐怕只有两个人可以真正称得上是头脑清醒的政治家,那就是地米斯托克利[19]和恺撒。这着实是一个让人感到有些意外的事实,因为人们通常认为政治家——哪怕是著名的政治家——之所以被称作政治家,恰恰就是因为他是粗鄙的、缺少智慧的。* 当然,在古希腊和古罗马时代,也不乏其他一些头脑清醒之士,包括哲学家、数学家和博物学家。但是,他们的清晰明辨都

---

* 这一草率的论断是以对"什么是政治——不管是坏的政治还是'好的'政治"有一个清晰的看法为前提的,关于这一论断的意义可以参见笔者题为《人与民族》(*El Hombre y La Gente*)的社会学论文。(30年代译本没有正文中的那句话及注释,根据80年代译本补译。——译注)

是关于科学领域的,也就是说,他们关注的是那些抽象的事物。不管是哪一门科学,它所涉及的对象都是抽象的,而抽象的事物本身往往是清晰的。因此,科学的清晰与其说是科学家的头脑清晰,还不如说是它所涉及的对象的清晰。真正容易让人感到困惑不解的是那些具体的、充满勃勃生机的实体,它们往往是独一无二的。因此,真正称得上是头脑清醒的人,就是那些始终能够准确地把握现实的人,那些能够在每一个"生机情境"(vital situation)中透过混乱,洞悉隐匿其间的运动规律的人,一言以蔽之,就是那些在生活中不会迷失自己的人。观察一下你周围的人吧,你会看到,他们就像一个徘徊于美梦和梦魇之间的梦游者,浑浑噩噩地度过自己的一生;对于自己身上所发生的一切,他们没有丝毫的思量与疑惑。你会听到他们在以精确的术语谈论他们自己以及周围的环境,这似乎表明他们对于这个问题还有一些想法。然而,一旦分析一下这些想法,你就会发现,它们根本就不能反映他们表面上似乎正在谈论的现实;如果再深入分析下去,你会发现他们甚至没有打算要让这些思想符合现实。恰好相反,这些观念反倒使个人对现实,对自己真实的生活视而不见。因为,生活一开始就是一种让人感到迷失的混乱。个人对此有所觉察,但是当他发现自己不得不直面这一可怕的现实时,他感到惊恐不已,并竭力用一张幻想的帷幔来掩盖它。在幻想中,他相信一切都是清楚明白的。至于说他的"思想"真实与否,这并不让他感到忧虑,他仅仅是把它们作为将自己与生活隔离开的堡垒,用以威吓现实的虚张声势的稻草人。

拥有清醒头脑的人就是那些能够从虚幻的"思想"中挣脱出来的人,能够直面人生的人;他认识到生活中的一切都是疑窦重重的,并且,他不可避免地要感到自己的迷失。生活就是感到自己的迷失,这是一个简单的事实;因此,接受这一事实实际上就等于开始寻找自己,并将自己的生活建立在真实的基础之上。这就如同遭遇海难的人,他会本能地四下寻求可以攀缘的任何东西借以逃生。但这种带有悲剧性的、义无反顾的瞥望却绝对是真实的,因为这是事关生死的问题;就是这一瞥,将给他混乱的生活带来秩序。唯有遭遇海难者的想法才是真实的想法;其余的都是花言巧语、故弄玄虚和插科打诨。[20] 没有真实地感受到自己迷失的人才会永远得不到解脱;也就是说,他从来就没有发现自己,从来就没有正视过自己的真实状态。

这一点适用于每一个领域,包括科学领域——尽管科学在本质上是对生活的一种逃避。(大多数科学工作者投身于科学完全是出于对直面生活的恐惧。他们并不属于头脑清醒人士之列,所以,当他们面对具体的情境时,总是显得无所适从,蹩脚不堪。)我们的科学观念是否具有价值,主要取决于我们能否面对一个问题感觉到自己的迷失;能否识破它令人困惑的本质;能否认识到我们无法从既有的观念、习惯、箴言以及表面的字句中寻求支持和帮助。一个人要想发现一项新的科学真理,首先必须将他以前所学到的一切化为齑粉;只有在冲破无数的陈词滥调之后,他才能以沾满血迹的双手迎接真理的到来。

政治比科学更加真实,因为它是由诸多独特的情境构成的,在这些独特的情境中,一个人会突然发现自己不由自主地陷入了旋涡之中。因此,在这个领域里,我们很容易就可以区分出谁是头脑清醒者,谁是墨守成规者。

恺撒就是这样一个典型。在一个极度混乱的时代里,在一个人类历史上最错综复杂的局势中,恺撒充分地表现了他洞察现实之源的才能。命运女神好像要刻意突出这位天才似的,她又在恺撒身边安插了一个西塞罗[21],一个知识分子的完美代表,一个终其一生都在混淆事物本质的人。

命运女神对罗马帝国的过分垂青,最终导致帝国的庞大政治机器发生了故障。罗马,这个屹立于台伯河畔的城市,意大利、西班牙、北非以及古代与希腊化时代东方的霸主,如今正处于分崩离析的边缘。罗马的政治制度在本质上是市政自治式的,与城市须臾不可分离,就好像一旦它们寄居其中的树木枯萎,树木之神就会痛苦地死亡一样。

民主政治——不论其类型与程度如何——的健全与否完全取决于一个简单的技术性细节——选举的程序；其他的一切都是次要的。如果选举制度是成功的，并且与真实情况一致，那么，民主政治就可以有条不紊地运行；否则的话，纵使其余的过程都是尽善尽美的，它也会变得很糟糕。罗马在公元前一世纪开始的时候，国运初兴，强盛而富足，在扩张的道路上根本没有遇到任何对手。然而，后来它却由于死守一套僵化的选举系统而濒临崩溃。当一种选举系统已经变得虚假的时候，它就是僵化的、毫无价值的。因为选举必须在城市里举行，所以，居住在乡下的公民就无法参与投票，更不用说那些散布在整个罗马世界的公民了。当真正的选举无法进行时，整个选举必然就会遭到扭曲，这时候，那些野心勃勃的候选人就会从退伍军人或者竞技场上的运动员中招募暴徒，拉帮结派，利用他们胁迫选举人就范。

没有一种真实的选举制度的支持，民主政治制度必将变得虚无缥缈，不切实际。一切言语都是虚无缥缈的东西，正如恺撒一针见血地指出的那样："共和政体不过是在字面上存在罢了。"地方上的行政官员不再享有权威；左派与右派的将军们——马略与苏拉——为了争夺有名无实的执政官之职而相互倾轧，最后两败俱伤。[22]

恺撒从来没有阐述过自己的方针政策，相反，他却埋头于这些方针政策的执行。恺撒的政策就是他本人,而非后来才出现的"恺撒主义"(Caesarism)的教条。就政策而言,其内容不过如此,如果我们想要理解这一政策的内容,我们必须像恺撒那样行动,并为这些行动冠以恺撒之名。恺撒主义的秘诀在于恺撒的主要业绩,也就是对高卢的征服之中。为了成就这项事业,他甚至不得不公然违犯立法权。[23] 为什么呢?因为元老院的立法权掌握在共和派,也就是那些对城邦政体忠贞不贰的保守派手里。

共和派的政治立场可以概括为两条:第一,罗马公共生活的动荡不安起因于它无休无止的对外扩张。罗马城根本无法管理那么多的民族。每一次新的征服都是 lèse-république [对共和国的叛逆]。第二,为了防止国家政治制度的解体,需要一个 Princeps [元首]。古罗马人所说的"元首"与我们所说的"君主"(prince)一词的含义是截然不同的;对古罗马人而言,"元首"同其他人一样,也是一个公民,不过,为了调整共和制功能,他被赋予了很大的权力。西塞罗在他的《论共和国》(*De Re Publica*)一书以及撒路斯提乌斯[24]对恺撒的回忆中,都以寻找 a princeps civitatis, a rector rerum publicarum, a moderator [一个公民元首、一个公共事务总裁、一位仲裁者] 来总结政治家们的思想的。

恺撒的解决办法与保守派完全相反。他认识到,如果要补救罗马先前的征服所带来的后果,就只能继续在征服的道路上走下去,全然接受这一残酷无情的命运,舍此之外别无他途。首先必须征服的是西方那些新崛起的民族,在不久的将来,他们肯定要比东方那些已经衰竭的民族更加危险。总之,恺撒认为,把西方的野蛮民族罗马化是绝对必要的。

斯宾格勒曾经说过,古希腊—罗马人缺乏时间观念,无法把他们的存在置于时间的绵延之流当中,他们为当下的时刻而存在。我认为这一论断是不确切的,或者至少说它把两种事物给混淆了。希腊—罗马人对未来确实是惊人地盲目与蒙昧,他们甚至对摆在自己面前的未来都视而不见,就像色盲无法分辨出红色一样。但是,另一方面,他们的生活却又深深地扎根于过去。在做当前的任何一件事情之前,他们总要回顾一下过去,就像拉甲提卓[25]在斗牛中准备击杀公牛时总要先后退一步一样。他们从逝去的岁月中,寻找一种适合于当前情形的模式,并把它作为一件神奇的避水衣,纵身跳入现实的洪流之中。因此,可以说,古罗马—希腊人在以某种方式重复过去的生活,古典时代的人往往就是这样生活的。但这并不意味着他们对时间是全无知觉的,而只能说他们的时间观念是不健全的:对未来的感知迟钝、萎缩;对过去的感知过敏、臃肿。我们欧洲人总是趋向于未来,并认为这是最具实质性意义的时间维度，对于我们而言，时间开始于"之后"，而不是"此前"。因此，在我们当代西方人的眼里，古希腊—罗马人的生活自然是没有时间观念的，他们生活在时间之外。

把现在的一切强行纳入过去的模式之中，古代人这一近乎疯狂的举动为当代的"考据学者"[26]所继承。当代的考据学者对未来也是一无所知，他们也热衷于向后看，并为每一种现实的存在寻找先例，还美其名曰"追本溯源"。我之所以提到这一点，是因为即使早期的恺撒传记的那些作者们也没有真正理解这个伟大的人物，他们往往简单地推定恺撒在试图仿效亚历山大大帝。在他们看来，这样的推论是合理的：如果亚历山大大帝曾因思忖米太亚德的殊荣而彻夜难眠的话，那么，恺撒必然会因为考虑亚历山大大帝的丰功伟绩而遭受同样的辗转反侧之苦。以此类推，循环往复：人类的脚步总是向后退的，今天的脚步正是昨天的足迹。当代的考据学者不过是古典传记作家的应声虫罢了。

几乎所有的历史学家都相信恺撒渴望沿着亚历山大大帝的足迹走下去，完成他未竟的事业。然而，这一设想无异于自动放弃理解恺撒的努力。事实上，恺撒恰恰就是亚历山大大帝的对立面，只有在世界帝国的理想这一点上，两人具有相似之处；但这一观念也不是来自亚历山大大帝,而是来自波斯帝国。如果恺撒遵循亚历山大大帝的想象,他必然会向具有悠久而辉煌传统的东方开进。然而,恺撒却优先选择了西方,这一决定表明他立志要开创一番与马其顿人截然不同的事业。而且,恺撒所考虑的不仅仅是一个世界帝国,他还有一个更高远的目标:他想建立一个罗马帝国,这个帝国不能倚赖于罗马,而应该以它的外围、以它的各个行省为基础。这就意味着他要完全超越城市国家的模式,建立这样一个国家:各式各样庞杂的民族团结在一起,并对它效忠。在这里不是只有一个中枢在发号施令,而其他的外围地区皆俯首称臣;相反,它是一个巨大的社会实体,它的每一个要素都既是国家的积极成分,同时又是国家的消极成分。这正是现代国家的雏形,也正是恺撒对未来最富天才的设想。但这预示着一种超罗马的(extra-Roman)、反贵族(anti-aristocratic)的力量,它最终将远远超出共和制寡头政治的范畴,超出共和制元首的范畴,因为元首还只是 primus inter pares〔平等中的第一位〕。这一行政权力、普遍民主(universal democracy)的真正代表,只有设在罗马城市之外的君主政体才能胜任。

共和政体!君主政体!这两个词的真实含义几乎每时每刻都在变动,所以,现在为了确定它们的最终意义,我们非常有必要把它们解析成若干要素。

恺撒亲密的战友，他忠实的追随者，没有一个是头脑僵化的城邦遗老，而都是"新人"[27]，这些外省人精力充沛、办事干练。其中恺撒最信任的一个大臣叫科尔涅利乌斯·巴尔布斯[28]，他就是一个来自加地斯[29]的商人，一个地地道道的大西洋人。

但是，恺撒对这种新型国家的构想在当时实在太先进了，拉丁人迟钝的心智根本无法承受如此巨大的跳跃所带来的震荡。城邦的意象以及它那切实的唯物主义，使罗马人无法预见到政治体的这种崭新的组织方式。在他们看来，没有生活在城邦中的人如何能建立一个国家呢？这是怎样一种诡谲、神秘的崭新结合呢？

我再重复一遍：我们称之为国家的这种实体并不是依据血缘的纽带自发地结合在一起的。当原本四分五裂的群体发觉他们不得不共同生活在一起的时候，国家就开始形成了。这种义务并不是一种赤裸裸的暴力，而是意指一种要求分散的群体共同奋斗的目标和任务。国家首先是一个行动的计划，是一个协作的规划。人们之所以接受召唤生活到一起，就是因为他们可以借此做一些事情。国家不是血缘的结合，不是语言的结合，不是领土的结合，也不是邻近居民点的结合。它不是物质的，也不是惰性的、确定的、受限制的。它纯粹是一种推动力——共同行动的意志——正因为如此，国家才不会受到任何自然物质的束缚。*

萨维德拉·法哈多[30]曾经设计过一个著名的寓意深刻的政治徽章:一支箭,下面写着一行字:"不是上升,就是下降。"这就是国家。它不是一个静止不动的事物,而是一项运动。国家无时无刻不在从一个地方出发,向另一个地方前进。同每一种运动一样,它有自己的 terminus a quo[起点]和 terminus ad quem[终点]。在任何一个既定时刻,取任何一个真正的国家进行剖析,我们都会发现一条共同生活的纽带,它似乎是基于某种物质的特征,比如说血缘、语言或"天然边界"(natural frontiers)。我们很容易对此做出一种静态的解释说:"这就是国家。"然而,我们不久就会发现,这一人类群体正做某些同样的事情——征服其他的民族、建立殖民地、与其他的国家结成同盟;也就是说,国家每时每刻在超越它表面上的物质结合原则。这才是国家运动的 terminus ad quem[终点],真正的国家,这种联合恰好是对其他一切既有联合的替代。一旦推动国家前进的动力发生中断,国家就会自动走向崩溃;先前存在的联合以及似乎构成其物质基础的那些纽带——种族、语言、天然边界——就会失去效

---

* 参见笔者《国家运动的起源》一文,载《观察者》,第 7 卷,1930 年。(30年代英译本没有这个注释,根据80年代英译本译出。——译注)

用，国家就会分崩离析，四分五裂。

国家时刻具有双重层面——已经存在的联合以及即将实现的更大的联合——只有借助这一点我们才能理解民族国家的实质。我们知道，时至今日，仍然没有人能够在现代意义上给国家这个名词下一个明确的定义。城邦是一个十分清晰的概念，其含义让人一目了然。然而，首先出现在日耳曼人和高卢人当中的新的公共联合——这是西方人的政治灵感——却是一个非常模糊不清、稍纵即逝的事物。面对这一让人感到棘手的事实，带有崇古癖好的文献学者、当代的历史学家，几乎与恺撒和塔西佗[31]一样感到困惑不解：恺撒和塔西佗都试图用罗马的术语来描述阿尔卑斯山以北或莱茵河以外甚或西班牙的原始国家。当他们把这些民族叫作 civitas［公民］、gens［氏族］、natio［民族］的时候，他们显然知道这些名词没有一个是符合其内涵的。* 它们并不是公民实体，最简单的原因就是它们不是城市。† 但即使把它当作一个模糊

---

* 参见道普施（Alfons Dopsch, 1868—1953，德国文化和经济史学家。——译注）：《欧洲文明的经济与社会基础》（*Economic and Social Foundations of European Civilisation*），第2版，1924年（30年代英译本误作1914年。——译注），第二卷，第3—4页。

† 不管他们居住得多么密集，罗马人从不把蛮族居民点看作是城市，充其量称之为 sedes aratorum［庄稼汉居住的地方］。（30年代英译本没有这个注释，根据80年代英译本译出。——译注）

的概念用来指称一个有限的领土,也无济于事。因为,这些新兴的"民族"总是在不断地变换他们的土地,或者至少说,他们可以随意地扩大或缩小自己的领地。它们也不是种族的联合——氏族、民族。不管我们向前追溯多远,都看不出构成这些新兴国家的群体具有血缘上的联系,他们是不同血统的混合。因此,假如它既不是一个血缘共同体,也不是一个地域的或者其他类似的集合,那么,到底什么是国家呢?

就像经常发生的那样,在这种情况下,坦然接受一些事实可以为我们提供一把钥匙。当我们考察任何一个像法国、西班牙、德国这样的"现代国家"的演化时,什么东西最引人注目呢?很简单,那就是:在某一个时期似乎是国家构成要素的因素到了下一个时期就被否定了。最初,国家看起来像部族,但与它毗邻的部落却仍然不是国家;后来,国家由两个部落组成,这时,它看起来像一个区域,再后来,它则像一个领地、一个公国乃至一个王国。一开始莱昂[32]是一个国家,而卡斯蒂利亚则不是;而后,莱昂和卡斯蒂利亚都成了国家,而阿拉贡[33]还不是。这样,就有两条原则摆在我们面前:一条原则是纷繁复杂且又变动不居的——部族、领地、公国、王国,连同它们的方言、语调;另一条原则却是永恒的,它可以自由地跨越所有这些界限,并且主张一种与第一项原则截然对立的联合。

考据学者们——这是我对当代所谓"历史学家"的称呼——往往想当然地从西方各国的现状，也就是西方各国在最近两三个世纪里才形成的状况出发，推想维辛吉托列克斯[34]是如何建立一个从圣马洛到斯特拉斯堡的法国[35]或者熙德[36]是如何建立一个从天涯角到直布罗陀的西班牙[37]的，这显然是愚蠢的。这些考据学者们就像天真的浪漫派剧作家一样，几乎总是把他们的主人公想象成参加三十年战争[38]的英雄。在向我们说明法国和西班牙是如何形成的时候，他们假定法国和西班牙在实现联合之前就已经存在于法国人和西班牙人的灵魂深处；就好像在法国和西班牙成为国家之前，法国人和西班牙人就已经存在一样，也就是说法国人和西班牙人无须两千年的艰难历程就可以横空出世一样！

显而易见的真理是：现代国家仅仅是一条变动不居的、注定要不断更替的原则的现实表现。现在，这条国家原则并不是建立在血缘或语言的基础之上，因为在法国或者西班牙，血缘和语言的一致事实上并不是国家统一的原因，而是其结果；这条原则的基础在当前就是"天然边界"。

对于一个外交家而言，在机敏而雄辩的谈判中，把"天然边界"这个概念作为辩论的工具和武器，当然是一项明智之举。但是，一个历史学家却不能躲在这个概念的背后,把它当作一个坚不可摧的堡垒。因为,它非但不是那么可靠,甚至也缺乏足够的精确。

我们不要忘记我们曾经严肃地提出过这样一个问题:民族国家(也就是我们今天所说的国家)与其他类型的国家——比如说城市国家,或者是另一个极端,奥古斯都所缔造的帝国*——之间到底有什么不同?如果我们想把这个问题表述得更清晰、更简明,我们可以这样问:在我们称之为法国、英国、西班牙、意大利或德国的这些实体中,到底是什么力量促使数百万的人共同生活在

---

* 我们知道,奥古斯都的帝国与其养父恺撒渴望建立的帝国是大相径庭的。奥古斯都追随的是恺撒的政敌庞培的路线。迄今,论述这个问题最优秀的著作要算迈耶(E. Meyer)的《恺撒的君主制和庞培的元首制》(*The Monarchy of Caesar and the Principate of Pompey*,1918)一书。尽管这本书相当出色,但在我看来,它还存在着很大的不足,这并不奇怪,因为,如今我们已经很难发现那种具有广阔视野的历史学家了。迈耶的书直接针对杰出的历史学家蒙森(Mommsen,1817—1903,德国历史学家,其最著名的作品为三卷本的《罗马史》,他曾获得 1902 年诺贝尔文学奖。——译注),虽然迈耶不无道理地指责蒙森将恺撒过分理想化了,以至把他描绘成一个超人;但我认为,蒙森对恺撒政策本质的洞察远非迈耶所能匹敌。这也不足为奇,因为,蒙森不仅仅是一个伟大的"考据学者",在他身上还具有许多未来主义的特征。而且,一个人对过去的洞察力与其透视未来的能力是大致成正比的。(80 年代英译本的注释没有评述迈耶和蒙森的部分,大概是作者在后来的版本中删去的。——译注)

一个公共权威的主权之下？它已经不再是先前那种种族的共同体了，因为构成这些集合体的成员在血缘上各不相同；它也不是一个语言的联合体，因为生活在同一个国家里的各个民族曾经或者仍然说着不同的语言。今天，一国之内的人们所享有的——如果它可以称之为享有的话——种族和语言的相对同质化都是先前政治统一的结果。因此，造就了民族国家的既不是血缘，也不是语言；相反，倒不如说正是民族国家抹平了血缘和语言上的差异，通常的情况就是这样。一个国家与先前的一个血缘或语言统一体相重合的情况，即使有也很少见。今天，西班牙是一个民族国家，并不是因为所有的西班牙人都说西班牙语*；同样，我们以历史上任何一个时期的阿拉贡和加泰罗尼亚为例，它们之所以被视为民族国家，并不是因为它们行使主权的领土边界恰好与阿拉贡语或者加泰罗尼亚语的边界吻合。每一项事实都为我们提供了判断是非的准则，如果我们打算遵循这一准则，从而接受如下的假设，那么我们可能更加接近真理：每一个语言联合体不管其涉及范围有多大，几乎必然都是此前政

---

* 即使所有的西班牙人都说西班牙语——就像所有的英国人都说英语，所有的德国人都说高地德语（High German）一样——情况也是如此。

治联合的沉淀物。*国家往往是一个高明的语言转化大师。

很显然,人们长期以来一直就固执地认为血缘与语言是国家的基础,这真让人感到奇怪。在我看来,这样一种观念不但前后矛盾,而且显得有些忘恩负义。因为法国人把目前法国的存在,西班牙人把目前西班牙的存在都归结于这样一条原则——我们姑且称之为"X原则",而这一原则的动力恰恰就是要超越建立在血缘和语言基础上的狭隘群体。因此,如果真是这样的话,那么,法国和西班牙今天所包含的要素应该与当初推动它们形成的要素完全相反。

当人们发现血缘与语言不足以构成联合的原则时,他们就试图以"天然边界"这一地理学神秘主义取而代之,将国家观念建立在领土的基础之上。然而,这同样是一个混淆视听的概念,所谓的"天然边界"只是我们的一种幻觉。今天偶然形成的边界将大陆以及毗邻的岛屿上广阔的地域分割为一个个我们所说的国家,这些边

---

* 当然,我没有将古希腊共同语(Koine,公元前4世纪到公元6世纪希腊化时期,通行于希腊、马其顿以及非洲部分地区和近东一带的语言,由雅典方言发展而来,是新希腊语的基础。——译注)和佛兰卡语(lingua franca,曾经在地中海东部地区使用的一种通用语,由多种语言混杂而成。——译注)考虑进来,因为它们不是单个民族的语言,而是某种特殊的国际性语言。

界被认为是永久的、精神上的实际边界。这些边界表面上似乎是"天然的",而它们的"天然性"则意味着某种神秘的地表形式的历史决定论。我们已经论证了国家并不是起源于血缘共同体以及语言共同体;如果把前面的推理运用到这里来,天然边界的神秘性同样会消失得无影无踪。如果我们再向前追溯几个世纪,我们就会发现法国与西班牙都因为各自天经地义的"天然边界"而分裂为一系列小的国家。比利牛斯山或阿尔卑斯山可能比其他任何山脉作为屏障都要来得重要,莱茵河、英吉利海峡或直布罗陀海峡可能比其他任何河流作为天堑都要有利。但这只能证明边界的"天然属性"仅仅是相对的,这取决于它在某一个时期的经济与军事价值。

"天然边界"这一著名的理论的历史真实性仅仅在于它可以构成A民族征服B民族的一个障碍。对于A民族而言,它是一个障碍——或者是共同生活的障碍,或者是军事行动的障碍;对于B民族而言,它却只能是一道防线。因此,"天然边界"这一思想的前提是比边界更加自然的事物:民族扩张与各民族间无限融合的可能性。显然,唯有物质上的障碍才能阻止这种自然的倾向。今天在我们看来,昨日的及其以前的边界并不是法国或者西班牙的国家基础,恰好相反,它是国家在统一过程中不得不克服的障碍。但即使如此,我们仍然试图赋予今天的边界以一个明确的、基本的特征,虽然事实是新的运输工具和战争手段已经大大削弱了它们作为屏障的作用。

既然边界在国家的形成过程中并不是一个基础性要素,那么,它在国家的形成过程中到底发挥了什么样的作用呢?答案非常清楚,也十分重要,因为它有助于我们理解作为城市国家之对立面的民族国家这一概念的真实含义。不管在哪一个时期,边界的作用都仅仅在于巩固已经实现的政治统一。因此,我们可以说,边界并不是国家的起点;相反,在国家刚刚开始形成的时候,它们是一种障碍;当然,一旦这种障碍被克服以后,它们又会成为加强统一的物质手段。

确切地说,种族和语言也扮演着与此相同的角色。构成一个国家的并不是这些自然共同体中的任何一个;毋宁说,在民族国家努力朝着统一方向迈进的时候,必然会遇到种族和语言的多样性之类的阻碍。但一旦这些障碍被有力地克服了,种族和语言实现了相对的统一,这时,它们反过来又可以巩固和促进普遍的统一。

因此,上面的论述仅仅是要消除在民族国家观念上长期以来一直存在的误解,并让我们接受这样一个事实,即过去曾经被我们认为是国家三大构成要素的种族、语言以及天然边界,实际上恰恰正是国家建立的首要障碍。(当然,在消除这一错误观念的过程中,我自己不可避免地要成为它的牺牲品。)

我们应当铭记:民族国家之所以成为民族国家,其秘密只能在它特殊的灵感、在它特有的政策中寻找;而不应该缘木求鱼,借助那些毫不相干的原则,如生物特征或地理特征。

然而,人们在理解现代国家这一重大现象时,为什么会不可避免地求助于种族、语言和领土呢?答案很简单:仅仅是因为在这些要素当中,我们发现了存在于个人与公共权力之间的那种亲密的、根深蒂固的休戚与共感,而这正是古代人所不能体会的。在雅典和罗马,国家是由少数人组成的:其余的人如奴隶、同盟者、外邦人、殖民地居民等,都不过是国家的臣属罢了。但是,在英国、法国或者西班牙,却没有一个人仅仅被看作是国家的臣属,而毋宁说,他往往被看作是国家的参与者、合作者。人们在国家之内的联合以及他们与国家之间的联合所采取的形式,尤其是其法律形式,在不同的时期往往大相径庭。尽管在社会等级与个人地位上,人们之间存在着很大的差异,社会相对划分为特权阶级和非特权阶级;然而,一旦我们深入探究每一个时期政治形势的真实情况,再现其精神实质,我们对此就会一目了然:每一个人都感到自己是国家的积极公民,既是一个参与者,也是一个合作者。"国家"意味着公共权力与其所统治的集合体之间的"实质性联合"——在西方世界这个词获得这一含义迄今不过才一个多世纪。[39]

不管国家的形式如何，不管是原始的国家、古代的国家、中世纪的国家，还是现代的国家，其本质都是一样的：它都是一个群体为了实现某种共同的事业而向另一些群体发出的邀请。可能在这一事业中存在着各种各样的中间目标，但从最终来看，它却是要组织某种类型的共同生活。国家与共同生活的计划、国家与人类活动或行为的程序，在这里都是密不可分的措辞。国家类型的不同取决于发出倡议的那个群体同其他群体实现合作的方式的不同。以此观之，古代的国家从来没有能够成功地与其他群体融合。罗马统治并引导着意大利以及各行省的居民，但它却从未鼓励他们与自己融合。即使是在首都，罗马的统治也没有带来公民之间的政治团结。我们不要忘记，在罗马共和国时期，严格说来，实际上有两个罗马：元老院和平民。这时候的国家统一仅仅限于不同群体之间的简单联结，而没有消弭它们之间的隔阂和陌生感。因此，当罗马帝国受到威胁的时候，它根本就不可能指望民众发扬爱国精神，而只能以行政和军事的官僚措施聊以自慰。

在与其他群体的融合上，古代雅典人和古代罗马人表现出的无能有着深刻的原因，这里不是深入探讨这一问题的地方，但我们可以把它们简要地概括为如下一点：任何一个国家都必然存在着合作，但古代世界的人却以一种简而化之、粗糙至极的方式来解释这种合作，把它仅仅看作是一种统治与被统治的二元复合体。* 对罗马人来说，他们天生就是要发号施令，而不是服从；而对其他人来说，却只有服从，而没有命令。这样一来，国家在 pomoerium〔围墙〕之内，在城墙包围的城市之内被物质化了。

然而，新兴的民族却不再以物质论的观点来阐释国家。如果国家是一项共同事业的计划，那么，它的实体就纯粹是动态的：某种需要完成的东西、行动中的共同体。从这一点来看，每一个人都构成了国家积极的一部分，都是一个政治主体（political subject），他将竭尽全力支持这项事业，相形之下，种族、血缘、地理位置以及社会阶级等都将退居次要地位。真正称得上是一种政治伙伴关系的并不是过去那些传统的、古老的共同体——也就是那些宿命的、不可改变的共同体；而是那

---

* 乍一看，它似乎与一项事实相矛盾，但仔细斟酌一下，就会发现这项事实反倒可以确证上述结论，那就是：帝国所有的居民最后都被授予了公民权。然而，这恰恰是在公民权丧失了政治身份这一特征之后，完全成为一种负担和对国家的服役，或者仅仅成了市民法中一条挂名的头衔时，统治者被迫做出的让步。在一个奴隶制被奉为原则的国家里，人们还能有什么指望呢？要知道，在我们的"国家"里，奴隶制纯粹是一个残存的事实。

种属于未来的、具有明确行动计划的共同体。将我们团结在国家周围的并不是我们昨天的状态,而是我们明天即将要共同完成的事业。因此,西方世界的政治统一可以轻而易举地超越曾经束缚了古代国家的种种限制。因为,与 homo antiquus [古代人] 不同,欧洲人更愿意放眼未来,自觉地生活在未来之中,从未来的立场决定他当前的行为。

这样一种政治倾向将不可避免地推动国家朝着一种更加广泛的联合迈进,从原则上讲,没有任何东西可以阻挡这一趋势。融合的力量是没有止境的,不但民族之间的融合是如此,而且,民族国家最典型的融合——也就是同一个政治实体内所有社会阶级之间的融合——更是如此。随着一个国家在疆域以及种族方面的扩张,其内部的融合将更加紧密。民族国家在本质上是民主的,从某种意义上说,它比政府形式的差异更具决定意义。

当人们试图用传统的共同体来定义国家时,往往因为勒南[40]在血缘、语言以及共同的传统之外增加了"日常公民投票"(daily plebiscite)这一新的要素,而把勒南的公式视为最完美的定义。这一点真让人感到莫名其妙。然而,这一概念的意义真的是那么清晰明了吗?难道我们现在就不能赋予它一种与勒南的国家定义全然不同,但却更加精确的内涵吗?

8

"在过去,共同拥有一个辉煌灿烂的历史,而现在则拥有一个相同的意愿:齐心协力地完成某些伟大的事业,并期待着创造更加宏伟的业绩。所有这些都是构筑一个民族的基本条件。……回顾过去,他们分享着共同的荣耀和憾恨;展望未来,他们拥有同一个蓝图。……国家就是一种日常的公民投票(a daily plebiscite)。"这就是勒南对国家的著名定义。[41]

对于这一定义所取得的非凡成功,我们到底应该如何解释呢?毫无疑问,这得归功于勒南在最后一句话上做的优雅转折。国家就在于日常的公民投票,这种观念对我们所有人都具有一种解放思想的作用。血缘、语言以及共同的历史都是静态的原则,它们是僵死的、惰性的,带有致命的缺陷;宛如禁锢人们想象力的监狱。如果一个国家仅仅是由这些要素构成,其他什么也没有的话,那么,它就成了一种我们可以置之不理、弃之不顾的赘物。也就是说,国家将成为某种既成的、固定的事物,而不是某种需要我们去创造与维持的事物;当它受到攻击时,我们也没有必要去捍卫它了。

不管我们愿意与否,人类的生活总是始终如一地关注着未来。在当前的任何一个时刻,我们都会关注继之而来的下一个时刻。因此,生活永远是一种无休止的、绵延不绝的作为(doing)。而所有的作为无非就是要让属于未来的事物得以实现,即使当我们沉浸在对过去的回忆之中时也是如此。我们在当前这个时刻唤起的记忆就是要对接下来的时刻中出现的事物产生影响,甚至可以说,这是我们回顾过去时的唯一乐趣。这种适度但隐秘的乐趣在转眼之间就会由一种值得向往的愿望变成现实,因此,我们对过去的回忆实际上是我们自己创造的。可以断言,任何事物除非它能指向未来,否则它对人类就没有任何意义。*

---

* 从这一点来看,人类不可避免地具有一种未来主义的特征;也就是说,他首先生活在未来之中,并且首先是为未来而活着。然而,我却又在对古代人与现代欧洲人的比较中得出这样一个结论:古代人对未来是相对盲目短视的;而现代欧洲人则相对具有远见卓识。因此,在这两个论题之间,存在着一种表面上的矛盾。但实际上人是有两面性的:一方面是他真实的自我;另一方面则是他的自我意识,这种意识既可能与他的真实存在吻合,也可能不吻合。很明显,我们的思想观念、偏好和愿望均不能取消我们的真实存在,但它们却可以使之复杂化,并对它进行修正。古代人和现代人都关注未来,但古代人总是将未来寄托在过去的制度之上,而我们现代人却为未来、为新生事物留出了更大的自由空间。这种差异并不是实际状态上的差异,而是偏好上的差异,它让我们相信现代人是未来主义者,而古代人是复古主义者。当欧洲人开始将他自己的时代称作是"现时代"的时候,他就已经觉醒,(下转)

如果一个国家仅仅存在于过去与现在之中，那么，当它受到攻击时就没有人会奋起捍卫它。持相反意见的那些人不是伪君子，就是疯子。然而，不管未来是真实的，还是虚构的，一个国家的过去往往能够折射出它对未来的吸引力，这也是不争的事实。我们所向往的未来是我们的国家在其中能够延续的未来，这才是我们动员起来保卫国家的真正原因，而不是为了血缘、语言或者共同的传统。

这就是透过勒南的定义所得到的回响：国家是一幅宏伟的蓝图，公民投票决定着未来。在这种情况下，未来存在于过去的延续之中这一事实丝毫不能改变问题的实质；它只能表明勒南的定义实际上也是有缺失的。

因此，民族国家所表现出来的原则必然比囿于血缘关系的古代城邦或者阿拉伯人的部族更加接近于纯粹国家的理念。实际上，民族国家的观念保留了不少与传统、领土、种族相关的要素；但也正是因为这个原因，当人们看到如下的情形时往往感到不胜惊讶：人类基于一个

（上接）并意识到了自己的角色。众所周知，所谓"现代"就是指某些即将替代古代用法的新事物。早在 14 世纪末叶，人们就开始关注现代性，特别是在那些最能切中时代脉搏的问题上。例如，神秘主义神学（mystical theology）的先驱"现代虔信派"（devotio moderna，14 世纪末至 16 世纪天主教内部的一个派别，强调沉思和内省，不重视仪式和表面行为，摒弃 13、14 世纪注重思辨的灵修理论。——译注）就是如此。

美好的生活蓝图而实现联合这一精神原则在国家之中总是占有重要地位。我们甚至可以说，无论是过去还是现在，在西方人的灵魂中从未自然而然地产生出"传统的压舱石""物质原则的相对局限性"这样的观念；毋宁说它们源自浪漫主义对国家观念所做的博学阐释。

如果19世纪的国家观念盛行于中世纪的话，那么，英国、法国、西班牙和德国就不会诞生。* 因为19世纪的国家观念将以下两种要素混为一谈：一是国家的动力、国家的构成要素；二是巩固与维持一个国家的要素。可以这样断言：造就了国家的绝不是爱国主义精神。如果不相信这一点，那就是幼稚十足，然而勒南在他的著名定义中却认可了这一点。

如果为了国家的存在，它必须依靠一个共同的过去，那么，我们不禁要问：我们应该如何来指称这个人类共同体在目前——它很快也会成为过去——的实际生活状态呢？很显然，只有当这种共同生活（即历史传统）逐渐湮灭的时候，他们才可以宣称："我们是一个国家。"这里，我们不难发现几乎所有的文献学者、那些埋在故纸堆里的考据学者都带有某种职业陋习，这一陋习使他们把注意力仅仅局限在属于过去的事物上。考据学者之

---

* 从年代上说，国家的原则是18世纪末浪漫主义的最初征兆。

所以成为考据学者,首先就需要过去的存在;但国家却并非如此,恰好相反,在拥有一个共同的历史之前,国家必须创造出一种共同的生活;而在这样一种共同的生活产生之前,国家必须预先梦想、渴求、计划这样的生活。对于一个国家的存在来说,拥有一个未来的蓝图就已经足够了,哪怕这个蓝图根本就实现不了,或者像历史上曾经多次发生过的那样,在几经挫折之后被迫中断。这里,我们可以以勃艮第[42]作为例证来说明一个国家是如何因为不合时宜而消失的。

西班牙和中美洲、南美洲的各个民族有着共同的历史、共同的语言和共同的种族;然而,西班牙并没有同这些民族组成一个国家。为什么呢?正如我们所知的,那是因为他们缺少一种关键的要素:共同的未来。西班牙不知道如何对未来提出一个集体规划以吸引这些在血缘上极为接近的民族。由公民投票来决定未来的西班牙是行不通的,所以,文献档案、共同的记忆、祖先、"祖国"对他们丝毫派不上用场。即使在这些东西一应俱全的地方,它们也仅仅是作为巩固性的力量而发挥作用。*

---

* 如今我们宛如身处实验室一般,正在目睹一项浩大的、具有决定性意义的实验:我们将看到英国是否能够成功地提出一种诱人的生活规划,以维持帝国(指英联邦——译注)各个部分在共同生活上的有效联合。

因此，我认为，在民族国家当中存在着一种本质上具有公民投票特征的历史结构。所有那些看似与此相悖的东西都是变动不居的、转瞬即逝的，它们代表的不过是公民投票所必需的形式罢了。正是勒南发现了这个充满魔力的词汇，它就像一束阴极射线给我们带来了启示，使我们能够洞悉一个国家最核心的部件，也就是这样两个要素：第一个要素是基于同一项事业的共同生活的计划；第二个要素是人们对这种具有吸引力的事业的支持。这种普遍的支持激发了内部的团结，这是民族国家区别于古代国家的地方：因为，在古代国家中，人们的联合是在敌对群体对国家构成外部压力的情况下产生和维持的；而在这里，国家的活力来自其国民自发的深层凝聚力。事实上，国民如今就是国家本身，他们不再认为国家是一种与自己无关的事物。这是国家所获得的令人瞩目的崭新特征。

然而，勒南却把公民投票看作是已经形成的国家的一个回溯性要素，由它来决定国家的延续，这样一来，他几乎抹杀了其定义中的洞见。我则倾向于改变勒南定义的方向，把它运用到一个 in statu nascendi［正在形成中的］国家，这一点具有决定性的意义。因为，事实上，一个民族国家永远不会完全形成。在这一问题上，它不同于其他类型的国家。国家往往要么是处在形成、发展之中，要么就是处在消亡、毁灭之中，Tertium non datur［永远不存在第三种状态]。国家不是赢得追随者,就是失去他们,这取决于国家能否在特定的时间里规划出一项生机勃勃的事业。

因此,这里追溯一下曾经激起西方人巨大热情的一系列统一事业是十分有益的。我们将看到欧洲人不但在公共生活领域,而且在极为私人化的领域都受到了这些计划的激发。西方人是保持着旺盛的斗志呢,还是变得堕落、颓废,这得看是否存在某些重大的使命。

这样一项研究还可以清楚地证明另一个观点。在古代,虽然缺乏其中各个群体的亲密合作和积极支持,虽然国家总是受到其致命缺陷——部族或城邦——的束缚,但国家的事业在实践上却几乎是没有限制的。一个民族,像历史上的波斯、马其顿、罗马,可以将地球上的任何一个地方都强行纳入自己的主权统一体,但这样的统一并不是真正的、内在的、决定性的统一,它仅仅是对征服者军事力量和行政效率的屈从;在西方,民族国家的形成却必然要经历一系列不可逾越的阶段。然而,我们应该感到更加不解的事实是,欧洲至今还没有出现一个在疆域上堪与波斯人、亚历山大大帝和奥古斯都大帝所缔造的帝国相媲美的国家。

欧洲各民族国家的产生过程往往遵循如下的模式:

第一阶段:

国家就是各民族在政治和道德生活的统一中实现融

合，这样一种西方人特有的直觉，首先萌生并作用于那些在地理、种族以及语言极为相近的群体当中。这倒不是说这种近似是国家的基础，而是说邻近群体的差异是比较容易克服的。

第二阶段：

这是巩固时期。在这一阶段当中，新建立的国家范围之外的其他民族往往被视为外来人，并且或多或少地被视为敌人。尚处在形成过程中的国家表现出排他性的、自我封闭的一面，或者用我们今天的话说就是民族主义在发展。但事实上，当外来的人被认为是政治上的异己或对手时，他们却在经济、知识和道德方面建立了联系。民族战争被用来抹平各民族在技术以及精神上的差异。传统上的敌人在历史中逐步实现了同质化。* 人们渐渐地开始形成这样一种意识：那些敌对的民族和我们自己的国家一样，同属于人类的集合（human circle）。当然，他们依然被看作是其心必异的非我族类。

第三阶段：

在这一阶段国家完全实现了大一统。这时，国家又面临新的事业：联合昨天还被视为敌人的那些民族。这

---

* 然而，这种同质化一般来说并不能将他们原来的差异一笔勾销。（30年代英译本没有这个注释，根据80年代英译本译出。——译注）

样的信念开始产生:他们拥有同我们相似的道德和共同的利益,并且,他们可以同我们携手合作组建一个新的国家,以防御、对抗那些对我们来说更为疏远、更为陌生的群体。此时,新的国家观念已臻于成熟。

有一个例子可以清晰地说明我要论述的观点。人们习惯于声称,早在熙德时代(11世纪),"西班牙"(Spania)就已经成了一个国家概念,这一说法后来因为此前若干个世纪圣伊西多尔[43]曾说过"西班牙,孕育我的母亲"而格外受到重视。我认为,从历史的角度看,这根本就是一个幼稚的错误。在熙德时代,莱昂—卡斯蒂利亚[44]国家正在形成之中,这两个王国的合并才是当时的国家观念,一种政治上有效的国家观念。至于说"西班牙"这一概念,当时主要是那些饱学之士在使用,它是罗马帝国撒播在西欧这块沃土上的最富成效的概念之一。作为帝国后期的一个 diocesis [主教教区],"西班牙人"已经习惯了与罗马在行政上的统一。但是,这个地理—行政概念仅仅是对外在事物的认可,而不是来自内部的灵感,更不能代表对未来的真实渴望。

然而,不管人们是如何一厢情愿地认为这种观念在11世纪时就已经产生,我们都不得不承认,它甚至还没有4世纪的希腊人对"希腊"(Hellas)所持有的观念那样精确而又富有生气,尽管希腊从来就不是一个真实的国家概念。一种恰当的历史比较毋宁是：4世纪希腊人的"希腊"观念、11世纪乃至14世纪"西班牙人"的西班牙观念就类似于19世纪的"欧洲人"[45]的欧洲观念。

这向我们表明，统一国家的努力在向其目标的推进过程中，就宛若音乐旋律中的跳动的音符。昨天的趋势必须等到明天才能在国家灵感（national inspirations）的倾泻中最终定型。但另一方面，几乎可以确定的是，这样的时刻一定会到来。

如今，对于欧洲人来说，欧洲转变为一种国家观念的时刻已经如期而至。今天人们相信这一点，比起11世纪人们对法国或者西班牙统一的预言来，要更少乌托邦色彩。西方的民族国家越是能够对其真实的灵感保持忠诚，它就越是能够确保自己将在一个巨型的欧陆国家中完善自己。

9

几乎就在欧洲各国现有轮廓刚刚确定的同时，欧洲就已经作为一个背景在各国内部及其周围缓缓浮现。这就是自文艺复兴以来欧洲所出现的统一场景，并且这一欧洲的背景恰恰就是由各国自己构成的。尽管其时人们尚未意识到这一点，但欧洲各国实际上已经开始结束它们之间争斗不断的纷扰状态。法国、英国、西班牙、意大利、德意志虽然相互征战、缔结敌对的同盟，然后又不断分化重组；但不管是在战争时期还是在和平时期，所有这些行为都代表了一种平等主体之间的共存状态。而罗马帝国同凯尔特伊比利亚人[46]、高卢人、不列颠人或日耳曼人之间无论是战是和都没有体现出这种关系。历史总是突出人类的冲突，凸现一般意义上的政治，而冲突与政治似乎很难成为适宜于统一的种子发芽、成长的沃土；然而，就在战争在沙场上激烈展开的时候，同敌人之间的贸易却在其他许多地方照样进行，人们彼此交流思想观念、艺术形式以及信仰。[47]在某种意义上可以说，军事冲突不过是一块障眼的幕布罢了，它的背后，和平正在顽强地融合敌对民族之间不同的生活。新一代人的心灵变得越来越相似，越来越接近。或者换一种更精确、更谨慎的说法：正如你所愿，法国人、英国人以及西班牙人的精神和心灵现在乃至将来都会存在差异；但他们却具有同样的心理结构，而且更重要的是，它的内容也在逐渐变得相似。宗教、科学、法律、艺术、社会价值以及情感取向无一不在趋向同一，而这些事物正是人类的精神慰藉。因此，这种同质性比用同一个模具铸造他们的灵魂本身还要显著。

如果我们列出一份当代西方人精神储存的清单，包括意见、准则、愿望、预设等等，我们就会发现，其中很大一部分都来自欧洲共同的遗产，而不是法国人得自法国，西班牙人得自西班牙。事实上，我们今天受欧洲的影响要远远大于法国、西班牙或者其他什么国家对我们的特殊影响。我们不妨在头脑中设想这样一个实验：假如我们可以将自己的行为、思想和情感中所有的外来影响剔除掉，而仅仅保留属于自己"本国"的东西，那么，其结果会让人触目惊心。我们会看到，仅仅依靠自己来生活根本就不可能，因为我们起码有五分之四的精神财富属于欧洲共同的遗产。

今天，对于我们这些欧洲人来说，最迫切、最重要的历史使命莫过于实现"欧洲"这一概念在过去的四个世纪中所暗含的承诺。唯一对这个命运构成障碍的就是旧的"民族国家"的偏见，也就是，建立在过去基础之上的国家观念。我们不久就会看到，欧洲人到底是不是罗德之妻[48]的后裔，会不会在创造历史的过程中执拗地把头转向后方。我们在上文中曾经提到罗马人以及一般意义上的古代世界的人，他们可以作为前车之鉴：对某一类人来说，要他们放弃已经植根于脑海之中的旧的国家观念是异常困难的。不过，令人欣慰的是，民族国家的观念是欧洲人自己——不管是有意还是无意——创造的观念，而不是考据学者向他们灌输的那种迂腐不堪的观念。

现在，我就可以来总结本文的主题了。如今这个世界正在经历一场深刻的道德危机，其主要征兆之一就是史无前例的大众的反叛。大众反叛的根源在于欧洲的衰败与没落，而欧洲没落的原因又是多种多样的，其中一个重要原因就是先前欧洲管理自己并支配世界的权力发生了转移。欧洲对自己、对自己领导世界的权力丧失了信心，而世界上的其他地方亦开始不愿接受领导。历史上曾经至高无上的统治权发现自己正处在四分五裂的状态之中。

不会再有什么"充盈富足的时代"了，因为这个观念预先假设了一个呼之欲出、确定无疑的未来，就像19世纪假想的那样；通过这样的假设，人们就认为自己可以预知明天将会发生什么。然而，一旦面对无数的不确定性，他们就茫然不知所措了。因为人们现在不知道谁将统治这个世界，也不知道权力将如何在这个世界上分配；也就是说，不知道哪一个民族或哪一些民族将统治这个世界；更进一步地说就是，不知道哪一个种族，哪一种意识形态，哪一套偏好体系、价值标准或者哪些生机勃勃的运动将指引这个世界。

没有人知道，人类事务的重心在不久的将来会移向哪里，因此，这个世界的生活开始变得飘忽不定。今天，人们无论是在公共领域还是在私人领域——甚至在良知的深处——所做的每一件事都显得局促与狭隘，唯一幸免的大概只有某些学科的某些领域。只有睿智之士才会认识到当今时代所宣扬、所支持、所鼓励、所称颂的一切都是不可信的。所有这一切来得快，去得也快，倏忽而至，转瞬即逝：从对体育运动的狂热（我这里说的是狂热，而非运动本身）到政治上的暴力，从"新艺术"到时髦浴场里让人发痴入迷的日光浴，无一不是如此。所有这些新奇的事物恰如无根的浮萍，它们纯粹是一种"发明"，发明一词在其最糟糕的意义上就等同于心血来潮的奇思怪想。这些事物不但缺乏坚实的生命根基，而且也不能代表任何真实的冲动或者需求。总而言之，从生活的角度看，它们是虚假的。在我们的生活方式中存在着一种内在的悖谬：一方面它孕育的是真挚，但另一方面它实践的却是矫饰。只有当我们感到自己的行为具有某种确定不移的必然性时，生活才会存在真实。然而，如今却没有哪一位政治家会认为自己的政策是势在必行的；事实上，他的态度越是极端，他的行为越是显得轻举妄动，越是游离于命运之外。只有那些由必然的行为所构成的生活才可以说是具有根基的生活、本真的生活。其他所有的一切，那些我们可以任意攫取、抛弃、替代的东西仅仅是对生活的一种扭曲。

如今我们生活在一个青黄不接的时代里,生活在过去与未来这两种历史法则所构成的真空地带当中。因此,我们的生活在本质上是局促的,以至于男人们不知道到底应该接受什么样的社会制度,女人们不知道到底应该喜欢什么样的男人。

除非重新投身于某些伟大的统一事业,否则欧洲人就无法继续生活下去。一旦缺乏伟大事业的召唤,欧洲人就会逐渐变得颓废堕落,松弛懈怠,他的灵魂就会枯竭干涸。如今,这个可怕的过程就在我们眼前展现。迄今一直都被我们称为国家的那些群体大约在一个世纪之前就已经达到其扩张的顶巅。除了超越它们,除了向更高的境地迈进之外,西方人已经无计可施。它们现在已经完全成了一堆历史的赘物,它使得欧洲人不堪重负,寸步难行。尽管我们现在比以前享有了更加广阔的自由,然而,我们在自己的国家里却感到难以呼吸,因为充斥在我们周围的全是令人窒息的浑浊空气。从前曾经为八面来风敞开胸怀的国家,如今已经变得狭隘与局促,成了一个密不透风的空间。[49]在我们所想象的"超国家的欧洲"(the supranational Europe)中,多样性不应该也不会消失。而古代的国家取消了各民族之间的差异,这些差异或者渐趋式微,或者至多保留在凝固、干枯的形式当中。本质上更为活跃的民族国家观念,要求多样性的积极参与,这种多样性始终都是西方人生活中的一个 sine qua non [必不可少的条件]。

每一个人都知道现在亟须一种新的生活原则。然而,就像在类似的危机中经常发生的那样,总有一些人妄图通过饮鸩止渴的方式来挽救当前的局势,他们不知道他们所凭借的正是那些早已过时的原则。近些年来西方所迸发的民族主义浪潮,其意义恐怕就在于此。因此,我再次强调,凡事莫过于此:最后的光芒才是最持久的,最后的叹息才是最深沉的。所以,只有在它们即将消失的前夜,各国的边界——包括军事的和经济的——才会显得如此清晰、突出。

然而,各式各样的民族主义全都是死胡同。如果我们试着将任何一种民族主义投射到将来,那么,我们就会发现它们是没有出路的。民族主义始终与创造了国家的原则背道而驰。民族主义具有排他性,而国家原则却具有包容性。在巩固统一的过程中,民族主义有其积极价值,它是一个崇高而有力的标准。可是,对当前的欧洲来说,巩固时期早已经过去,民族主义完全蜕变为一种狂热;崭新的宏伟事业正需要人们去开辟,但民族主义却成了逃避这种必然性的一个借口。民族主义所使用的原始的行动方式以及它所激发的那一类人充分地表明,它在与创造了历史的壮举背道而驰。

唯有把欧洲大陆各民族缔结成一个伟大国家的雄心壮志,才能使欧洲获得新生。只有这样,古老的欧洲才能再度确立自信,并自发地对自己提出严格的戒律。

但是,现实的情况远比我们想象得要复杂。真正的危险在于,随着时间的流逝,欧洲人将逐渐接受当前的低调生活,习惯于既不统治,也不自律。长此以往,欧洲人所有的美德和超群的能力都将化为乌有。

然而,就像国家在形成过程中所遭遇的那样,欧洲的统一受到了保守阶级的反对。但他们的顽抗很可能会导致他们的毁灭,因为在欧洲已经确定无疑地走向衰败、堕落,欧洲的历史活力已经全然丧失这一众所周知的危机之外,又出现了另一个更加具体、更加逼近的威胁。当极权主义在东欧平原中部取得胜利的时候,许多人都忧心如焚地认为,整个西方世界将淹没在这股潮流之中。我对此却不敢苟同,恰恰相反,我当时就在文章中写道:东欧平原中部的极权主义是一种欧洲人所无法同化的形态,因为,欧洲人向来只把自己的精力与热情奉献于个人主义的目标。

这样一个人心惶惶的时代已经过去,如今人们恢复了往日的平静。然而,事实上现在恰恰是他们最不应该高枕无忧的时候,因为,当前正是胜券在握、势不可挡的极权主义极有可能席卷整个欧洲的时刻。

我所看到的就是这样的情形。现在,同以前一样,东欧平原中部之极权主义的信仰并不能吸引欧洲人,因为它不能为他们提供一个富有诱惑力的未来远景。之所以如此,绝不是出于那些微不足道的理由,诸如,极权主义者同所有的使徒一样,都是固执己见、一意孤行的,对事实视而不见等等。就连西方的资产阶级自己都清楚地知道,即使没有极权主义,食利阶层完全靠利息和租金过活,并以此世代相传的时代已经去日不多了。这并不是欧洲人拒绝东欧平原中部之极权主义的原因,而且,它也不会让人感到惊惧不安。索雷尔[50]在二十年前提出了暴力论的策略,他的立论基础今天在我们看来不但武断,而且荒谬至极。资产阶级并非如索雷尔想象的那样懦弱无能,在当前的时刻,他们比工人阶级更倾向于暴力。每个人都知道极权主义之所以在东欧平原中部取得胜利,就因为那里没有资产阶级。法西斯主义是小资产阶级的一种运动,它所表现出来的暴力倾向比所有的劳工运动加起来都要多。因此,上面提到的这些因素都不是阻止欧洲人陷入极权主义深渊的原因,它毋宁是出于一个简单得多的理由,那就是欧洲人在极权主义的组织当中没有看到人类幸福的增进。然而,在我看来,欧洲极有可能在未来的几年里对极权主义逐渐产生热情。这倒不是因为极权主义本身的缘故，更确切地说，极权主义是什么根本无关紧要。

想想看吧，那里的政府苦心经营的庞大的计划，终于取得了预期的效果，它不但恢复了东欧平原中部的经济状况，而且还使它有了进一步的发展。不管极权主义的内涵是什么，它都象征着人类一项波澜壮阔的宏伟事业。置身其间的人们坚定不移地拥护一项改革的目标，并严格地遵守这样一种信仰所灌输的纪律。假如自然的力量对人类的热情不是如此无动于衷，不是去挫败他们的目标和努力，而是给他们一个自由行动的空间；那么，一番伟大而壮丽的事业必将犹如一个崭新而耀眼的星座，照亮整个欧洲大陆。与此同时，如果欧洲继续保持过去几年里的那种平庸、呆板的生存状态，那么，他们的神经将会因为缺乏锻炼、缺乏新的生活计划而松弛懈怠。在这种情况下，欧洲如何才能抵制这样一种令人惊骇的事业所带来的强大冲击呢？

如果你指望欧洲人在还没有提出一种堪与其对手相抗衡的事业标准时，就能够对采取新行动的海妖的召唤[51]无动于衷，那么，你就大错特错了。为了使自己的生活富有意义，为了避免存在的空虚，当代的欧洲人很有可能抑制住自己对极权主义的异议而接受它的指引，极权主义信仰的吸引力不在于它的实质性内容，而在于它所激发的行动的热忱。

我个人认为，缔造一个伟大的欧洲国家是唯一能够与其计划的胜利相抗衡的事业。政治经济学的专家向我们断言：东欧平原中部经济计划成功的可能性微乎其微，但是，如果反极权主义者把一切希望都寄托在自己的对手所遇到的物质困难上，那么，这显然是一种耻辱。因为，他们的失败无异于当代所有人的普遍挫败。极权主义虽然是一种苛刻的道德准则，但它毕竟还是一种道德准则。唯有一种新的欧洲人的法则，一种指向崭新生活计划的灵感，才能对抗他们的法则，这看起来难道不是更有价值、更有收获吗？

注释

1 米太亚德（Miltiades，540?BC—489?BC），雅典将军及政治家，曾在马拉松战役（公元前490年）中打败了波斯人。

2 丹东（Danton，1759—1794），法国大革命中雅各宾派领袖之一，后因主张宽容政策，被处死。

3 阿奎那（Thomas Aquinas，1226—1274），中世纪最著名的神学家和经院哲学家，著有《神学大全》《反异教大全》等。

4 休谟（David Hume，1711—1776），英国哲学家、历史学家，著有《人性论》《人类理解研究》《英格兰史》等。

5 塔列朗（Charles Maurice de Talleyrand，1754—1838），法国政治家和外交家，曾代表法国参加1814—1815年维也纳会议。

6 神圣罗马帝国（the Holy Roman Empire），虽然"神圣罗马帝国"的说法直到 1157 年弗里德里希一世时代才正式出现，但史家一般都把它追溯到公元 962 年，是年，德意志国王奥托一世强迫教皇约翰十世在罗马为其加冕，称"罗马皇帝"；1806 年哈布斯堡王室的弗朗茨二世在拿破仑的逼迫下宣布神圣罗马帝国结束。

7 指罗马教廷。

8 指斯宾格勒名噪一时的《西方的没落》。

9 弗兰克（Waldo Frank，1889—1967），美国小说家和社会批评家，《重新发现美国》(*The Rediscovery of America*，1929) 曾于 1927—1928 年间在《新共和》(*The New Republic*) 上连载。

10 不妨对照古代犹太拉比的名言：如果我不为自己，谁来为我；如果我只为自己，我又是谁；如果不是现在，那在何时？

11 席勒（Johann Christoph Friedrich von Schiller，1759—1805），德国启蒙时代的诗人及剧作家，代表作为《强盗》《阴谋与爱情》。

12 从下文看指的是希腊—罗马文明。

13 "vegetable" 的比喻意义是"像植物一样具有生命和生长的性质"。这一用法是基于由经院哲学家所释的三重灵魂的古代宗教和哲学观念之上的：vegetative 的灵魂为植物、动物和人类所共有；sensitive 的灵魂为动物和人类所共有；而 rational 的灵魂却只存在于人类之中。

14 亚历山大大帝（Alexander，356BC—323BC），古代马其顿国王，伟大的征服者。

15 参见西塞罗对 "res publica" 下的定义："共和国乃人民之事业，但人民不是某种随意聚合的集合体，而是许多人基于法的一致和利益的共同而结合起来的集合体。"（《论共和国·论法律》，第 39 页，

王焕生译，中国政法大学出版社，1997年）

16 对"politeia"一词语源及内涵的详细考辨，参见施特劳斯：《自然权利与历史》(*Natural Right and History*, University of Chicago Press, 1965)，第135—138页。

17 迦太基（Carthage），非洲北部的一个古代城邦，位于今突尼斯东北部突尼斯湾沿岸。由腓尼基人于公元前9世纪创立，并在公元前6世纪之后成为地中海地区的霸主。

18 布鲁图斯（Junius Brutus Marcus, 85?BC—42BC），古罗马将军和政治家，图谋暗杀恺撒。后来在与安东尼和屋大维的权力角逐中战败自杀。

19 地米斯托克利（Themistocles, 527?BC—460?BC），雅典将军及国务活动家，公元前480年，他领导雅典海军在萨拉米斯海湾击溃了波斯人。

20 奥尔特加的这一段内容很容易让人想起由佛经中"白黑二鼠"的寓言衍化而来的一则禅宗公案：某生于荒野遇虎，大恐而逃，虎追不舍。生逃于危崖，攀藤而身悬荡于空。崖上虎吼如雷，崖下血口如盆，生惊，胆欲裂。当此际，又两鼠噬藤，险情万状。生茫然忽见一鲜美草莓，遂一手攀藤，另手采莓尝之，曰："味美矣！"。

21 西塞罗（Marcus Tullius Cicero, 106BC—43BC），古罗马政治家、雄辩家、著作家。

22 公元前1世纪，罗马共和制面临危机，以马略（Marius, 155?BC—86BC）和秦纳（Chinna）为首的民主派同以苏拉（Sulla, 138BC—78BC）为首的元老派为争夺政权展开了殊死搏斗，双方兵戎相见，互相报复，意大利血流成河。斗争的结果是苏拉派勉强维持了元老派统治，推行民主改革的马略派死伤殆尽，一蹶不振。"前三头"

克拉苏、恺撒和庞培就是在这样的背景下走上政坛的。

23 应该是指恺撒违反他自己担任执政官时通过的《犹理亚反贿赂法》，这条法律规定行省长官本人，如未经人民会议或元老院许可，不得对别国发动战争。恺撒在高卢的多次战争从来没有得到元老院的批准。

24 撒路斯提乌斯（Sallust, 86?BC—34?BC），古罗马政治家和历史学家，著有《喀提林阴谋》《朱古达战争》等。

25 拉甲提卓（Lagartijo, 1841—1900），西班牙著名的斗牛士，他一生中杀死了近5000头公牛，其中最著名的是一头名为"蜘蛛"（Murcielago）的公牛，1879年，拉甲提卓在西班牙科尔多瓦与它进行了生死较量。

26 正如下文指出的，这里所谓的"考据学者"实际上就是指历史学家。

27 指共和国后期在罗马政坛上崛起的一个阶层。除本文中提到的巴尔布斯外，像西塞罗、马略等人均为"新人"。

28 科尔涅利乌斯·巴尔布斯（Lucius Cornelius Balbus），西班牙人，古罗马政治家，恺撒以及屋大维的重要幕僚之一。

29 加地斯（Cádiz），西班牙西南部的一个港口，临大西洋。

30 萨维德拉·法哈多（Saavedra Fajardo, 1584—1648），西班牙外交家和文学家，以其所著的反对马基雅维利观点的寓意诗集《一位基督教君主的思想》（*Idea de un príncipe cristiano*, 1640）而闻名。他在这部作品中呼吁恢复传统的德行，以拯救国家的衰落。

31 塔西佗（Tacitus, 55?—120?），古罗马政治家和历史学家，著有《历史》《编年史》以及《日耳曼尼亚志》等。他的《日耳曼尼亚志》和恺撒的《高卢战记》是记载古代日耳曼人和高卢人的比较早的文献。

32 莱昂（León），中世纪西班牙的一个王国，统治加利西亚、阿斯图里亚斯以及独立之前葡萄牙的许多地区，1230 年，与卡斯蒂利亚合并。

33 阿拉贡（Aragon），西班牙东北部的一个地域和王国，1479 年，它与卡斯蒂利亚合并形成了现代西班牙的核心。

34 维辛吉托列克斯（Vercingetorix，?—46BC），高卢部落阿维尔尼人的首领，公元前 52 年，领导了一次反抗罗马人统治的叛乱，起初曾连连获胜，后来被恺撒俘获处死。

35 圣马洛（Saint-Malo），法国的一个海港；斯特拉斯堡（Strasburg），法国东北部靠近德国的一个重要城市。

36 熙德（El Cid Campeador，1043?—1099），11 世纪西班牙具有传奇色彩的著名军事统帅、民族英雄，原名叫罗德里哥·迪阿斯·德·比发尔（Rodrigo Díaz de Vivar），生于卡斯蒂利亚一个小贵族之家，起初为阿方索六世服务，后来被逐，投靠穆斯林的萨拉戈萨胡德王朝。其间他曾多次建立殊勋，被人尊称为 El Cid Campeador（斗士首领），熙德的名字即由此而来。

37 天涯角（Finisterre），西班牙西北端一个多岩石的海角，在大西洋沿岸；直布罗陀（Gibraltar），西班牙中南部海岸的半岛，在西班牙和北部非洲之间连接地中海和大西洋。英国于 1704 年在西班牙王位继承战争中控制了直布罗陀。

38 三十年战争（Thirty Years' War），发生于 1618—1648 年间的欧洲历史上第一次大规模国际性战争。战争的一方为哈布斯堡集团，由奥地利、西班牙和德意志天主教联盟组成，并得到罗马教皇和波兰的支持；另一方为反哈布斯堡集团，由法国、丹麦、瑞典、荷兰、德意志新教联盟组成,并得到英国、俄国的支持。最后,以法国为首的一方取得了胜利,根据1648年签订的《威斯特伐利亚和约》,法国取得了除斯特拉斯堡以外的阿尔萨斯地区和其他一些小领土的所有权;瑞典和德意志的几个大诸侯也得到了大片领土;荷兰和瑞士的独立得到承认。

39 最后这一句话30年代英译本没有译出,根据80年代英译本补译。

40 勒南(Joseph Ernest Renan,1823—1892),法国哲学家、历史学家和宗教学家,著有《科学的未来》《耶稣的一生》《法国的君主立宪制》等。

41 80年代英译本的译法稍有不同:"国家是一种伟大的团结,它的凝聚力来自其公民为它或者准备为它做出牺牲的情操。它意味着一个过去;但它现在却可以概括为这样一个不争的事实,那就是同意(consent),明确表达出来的共同生活的意愿。如果你不介意用譬喻的话,我们可以说,国家就是一种日常的公民投票。"80年代英译本的编者还指出这一定义出自勒南的《凯尔特人之歌及其他研究》(*The Poetry of the Celtic Races, and Other Studies*);其中著名的《何谓国家》已有中译文,李纪舍译,载(中国台湾)《中外文学》,24卷6期,1995年;又见曹海军译,《中大政治学评论》(第3辑),中央编译出版社,2008年。

42 勃艮第(Burgundy),法国东部的一个地区。历史上,勃艮第人曾经在公元5世纪建立过强大的王国,后来为法兰克人所灭;其后,该地区的政权曾多次易手,并在14和15世纪时势力达到顶峰;1678年,勃艮第领地完全并入法国。

43 圣伊西多尔(St. Isidore,560?—636),西班牙基督教家神学家、最后一位西方拉丁教父,著有《语源学》《教父生平始末》以及《论教会的职责》等。

44 莱昂—卡斯蒂利亚（León-Castile），莱昂与卡斯蒂利亚曾经是两个独立王国，1230年，卡斯蒂利亚国王费迪南德三世兼领莱昂王位，两国实现统一。现在，卡斯蒂利亚—莱昂是西班牙的一个大区。

45 奥尔特加这里所说的"欧洲人"并不是一种泛指，而是在前文中提到的尚未形成的"欧洲合众国"之"欧洲人"。

46 凯尔特伊比利亚人（Celtiberian），西班牙北部古代凯尔特人的一支。

47 一个著名的例子就是，1813—1814年，横扫欧洲的俄国军队中的青年军官对欧洲的自由与进步留下了深刻的印象，由此引发"十二月党人运动"。

48 罗德之妻（Lot's wife），《圣经·旧约·创世记》中的人物，罗德是亚伯拉罕的侄子，当他们逃离罪恶之城索多玛时，他的妻子因不听上帝的劝告回头观看而被化为盐柱。

49 30年代英译本这一段的内容到此结束，下面几句话根据80年代英译本译出。

50 索雷尔（Georges Sorel, 1847—1922），法国社会哲学家，著有《暴力论》《进步的反思》等书。

51 海妖的召唤（the siren call），在古希腊神话中，半人半鸟的海妖塞壬常常用美妙的歌声来诱惑过路的航海者，导致他们触礁毁灭。

第十五章

我们遇到了真正的难题

这就是问题所在，这才是一个真正的难题：当代欧洲已经因为缺乏一种道德准则而迷失了方向，这倒不是说大众人抛弃了旧的道德准则而代之以一种全新的道德准则，而是说在他的生活设计中，他根本就不愿意服从于任何道德准则。当听到年轻人在大谈特谈什么"新道德"的时候，你千万不要信以为真。我断然否认在当今欧洲大陆的哪个角落里还存在一个团体，正受到一种能够显露真正道德准则的新风潮的鼓舞。当人们谈论所谓的"新道德"时，他们不过是在从事又一个不道德的勾当：他们试图寻找一条可以走私黑货的捷径。*

---

* 这个世界上或许还散布着一些人，他们承认将来没准有一天一种新的道德准则会脱颖而出，但我相信这些人不会超过二十来个，正是因为这个原因，他们丝毫不能作为当前这个时代的代表。（80年代英译本没有这个脚注。——译注）

因此，谴责当代人缺乏道德准则是直率的，大众对于这一指责漠然置之，甚或会感到这正是在迎合自己。对道德的漠视现在已经成为稀松平常的事情，所有的人、每一个人都在以此为豪。

如果我们忽略了这个问题——就像本文不得已而为之的那样，那么，我们就会发现，在所有作为当前时代之代表的那些群体中，再也找不到能够象征着过去时代的鲁殿灵光——包括那些基督教徒、唯心主义者、古典自由主义者，在对待生活的态度上，当前没有哪个群体不认为自己拥有一切权利，而无须承担任何义务。至于它把自己伪装成革命的还是反革命的，积极的还是被动的，这都无关紧要，在一些曲折回转之后，它的精神状态必然趋向于忽视一切义务，并感到自己拥有无限的权利，丝毫用不着考虑为什么。

这样的灵魂不管其主旨是什么，最终的结果都一样，都会退化为无须遵循任何具体道德目的的借口。如果这种态度以反动的或反自由主义的面目出现，它必然会肯定：为了拯救国家，他们有权利荡平其他一切标准，征服邻邦，尤其是具有突出个性的邻邦；如果大众决定扮演革命派，情况也好不到哪里去：对体力工人、对被压迫者、对社会正义的表面上的热情不过是一副面具罢了，它被用来掩饰对一切义务——比如说谦逊、诚实，特别是对卓越出众的个人之尊重与正确评价——的拒斥。我知道，有相当一部分人加入这个或那个劳工组织仅仅是为了为自己牟取藐视知识、逃避贡献的权利。至于当代的其他专制形式，我们已经非常清楚地看到它们是如何把一切高超优越于普通标准的事物踩在脚下，从而向大众献媚讨好的。

这种对义务的逃避可以部分地解释当前一种既荒谬又可耻的现象，那就是所谓"青年"讲坛（the platform of "youth" as youth）的设立，这或许是我们这个时代再离奇不过的景象了。人们以一种滑稽的形式称自己为"年轻人"，因为他们听说年轻人可以享有更多的权利，而尽更少的义务：年轻人可以把履行义务的责任推迟到遥遥无期的壮年。同样，年轻人还往往被认为可以免除或者已经免除承担重大事务的责任，可以用透支的方式来生活。这是一种错误的、虚幻的权利，它是那些不再年轻的人半是出于讽刺、半是出于怜爱，而对其晚辈的照顾；但让人惊骇的是，人们现在竟然把它视为一种既定的权利，其目的完全是为自己要求原本只能属于那些曾为之做出贡献的人的权利。

尽管可能令人难以置信，但事实正是如此："年轻人"已经变成了一个勒索者，我们生活在一个以暴力和嘲讽这两种互补的方式进行勒索的时代里。不管采取哪种形式，其效果都是一样的，那就是低级劣等的人——大众人——觉得自己免除了对那些非凡卓越之士的服从。

因此，我们不能通过把当前的危机描绘成两种道德、两种文明———一种正在没落，而另一种正在上升——之间的冲突，以此来抬高这一危机的地位。大众人完全没有任何道德可言，因为道德在本质上永远是一种服从于某个事物的情感，一种服务和奉献的自觉意识。不过，说大众完全没有道德或许是一个错误，因为问题并没有这么简单：这一新型人类能够不依赖道德而生存，不，我们千万不要小瞧大众的任务，道德不能这么轻而易举地被一笔勾销。所谓的"超道德"（amorality）——一个甚至在文法上都缺乏构造的单词——是不存在的。如果你想摆脱所有的规范，那么，不管你愿意与否，你必须服从"拒绝一切道德"的规范，并且，这也不是超道德，而是不道德。它是一种否定性的道德，它保持着另一种道德的空洞形式。人们何以相信一种超道德的生活是可能的呢？毫无疑问，那是因为现代所有的文化和文明都倾向于此种信念。欧洲目前正在吞咽其精神行为所导致的苦涩果实，因为，它盲目地采取了一种绚丽豪华但缺乏根基的文化。

本文的目的是试图描绘出某一类欧洲人的大致肖像，主要的手法是分析他在自己所由诞生的文明中的行为举止。这一分析是必要的,因为当代的这一类个体无法创造出一种新的文明来与以前的文明相抗衡,他只能一味地否定;但实际上大众人依然生活在他所否定和拒绝的事物当中,生活在别人创造和积累的事物当中。因此,把对大众人心理状态的描绘与一个主要的问题混淆在一起是于事无补的,这个问题就是:现代欧洲文化最致命的缺陷是什么?因为从最终来看,当前占统治地位的这类人的个性特征显然根源于这些缺陷。

这个问题显得过于庞大,回答它绝非本文所能胜任,它需要我们对人类生存的原则做更为详尽的探讨。当然,它就像乐曲中的主旋律一样,已经交织、回转、暗含在这篇文章当中了,或许,它不久就会嘹亮地奏响。

附 录

奥尔特加主要著作一览[1]

Meditaciones Del Quijote, 1914—*Meditations on Quixote*
《堂·吉诃德沉思录》
El Espectador (8 vols, 1914—1934)
《观察者》(八卷本文集)
España Invertebrada, 1921 (rev. in 1922 and 1934) —*Invertebrate Spain*
《没有主心骨的西班牙》,赵德明译,漓江出版社,2015 年
El Tema De Nuestro Tiempo, 1923—*The Modern Theme*
《我们时代的主题》
La Deshumanización Del Arte, 1925—*The Dehumanization of Art*
《艺术的去人性化》,莫娅妮译,译林出版社,2010 年
Ideas Sobre La Novela, 1925—*Notes on the Novel*
《关于小说的笔记》
La Rebelión De Las Masas, 1929—*The Revolt of the Masses*

《群众的反叛》,蔡英文译,(台湾)远流出版事业公司,1989 年

Misión De La Universidad, 1930—*Mission of the University*

《大学的使命》,徐小洲、陈军译,浙江教育出版社,2001 年

Historia Como Sistema, 1939—*History as a System*

《历史是一个体系》(部分章节载《历史理论与史学理论》,何兆武主编,商务印书馆,1999 年)

Meditación De La Tecnica, 1939

《关于技术的思考》

Estudios Sobre El Amor, 1941—*On Love*

《爱》,王贵梅译,(台湾)究竟出版社,2001 年

El Hombre y La Gente, 1957—*Man and People*

《人与民族》

Kant, Hegel, Dilthey, 1958

《康德、黑格尔与狄尔泰》

¿Qué Es Filosofía?, 1958—*What is Philosophy?*

《什么是哲学?》《哲学与生活》,刘大悲译,(台湾)志文出版社,1975 年;《生活与命运》,胡继伟、陈昇译,广西人民出版社,2008 年;《哲学是什么?》,谢伯让、高薏涵译,(台湾)商周出版社,2010 年;谷源祥、商梓书等节译本:《我而非我的哲学》,香港商务印书馆,1992 年/《生活的哲学》,台湾商务印书馆,1993 年/《什么是哲学》,商务印书馆,1994 年

La Idea De La Proncipio En Leibniz y La Evolución De La Teoría Deductiva, 1958—*The Idea of Principle in Leibniz and the*

Evolution of Deductive Theory

《论莱布尼茨的原则概念及演绎理论的发展》

Unas Lecciones De Metafísica, 1966—*Some Lessons in Metaphysics*

《形而上学讲座》

Man and Crisis, 1958

《人类与危机》

Concord and Liberty, 1963

《和谐与自由》

The Origin of Philosophy, 1967

《哲学的起源》

Man and His Circumstances, 1971

《人及其环境》

Phenomenology and Art, 1975

《现象学与艺术》

An Interpretation of Universal History, 1975

《对世界史的一种解释》

Historical Reason, 1984

《历史理性》

注释

1 奥尔特加一生著述惊人,即使在他去世以后,还不断有手稿被整理出版,这里列举的只是其中的一小部分,主要是已经有英译本或产生广泛影响的作品,部分著作的出版年份或有出入。

译后记

《大众的反叛》一书出版后不久即被译成英文，1932年，诺顿公司（W. W. Norton & Company）和乔治·艾伦·昂温公司（George Allen & Unwin）分别在纽约和伦敦出版了匿名译者的英译本，这个译本以后多次再版印刷，并被其他出版社翻印（译者所知的有：New York: Mentor Books，1950年；London: Penguin，1992年）。1985年，美国印第安纳州圣母大学出版社（University of Notre Dame Press）又出版了安东尼·克里根（Anthony Kerrigan）根据1979年西班牙版修订本所翻译的英译本。

我们这个中译本以30年代英译本为底本，并对照80年代英译本译出，此外，在翻译过程中，我们还参考了台湾蔡英文先生的中译本（《群众的反叛》，远流出版事业公司，1989年）。从语言及文脉来看，30年代英译本较为洗练、流畅，而80年代英译本虽然不及30年代英译本准确、传神（主要体现在第一部分当中），但它纠正了30年代英译本的某些纰漏（主要集中在第二部分当中），并根据新版的西班牙原著做了少量的删补，因此有助于我们这个中译本的完善。蔡英文先生的中译本根据30年代英译本译成，虽是出自名家之手，有些地方也颇见译者功力的深厚，但总的看来，这个译本存在不少问题，误译、错译之处随处可见。当然，不管怎么说，这个中译本对我们的帮助还是不小的。

需要再次指出的是，奥尔特加的思想精深繁复，文风艰涩而不失典雅，这一点即使从英译文中也可以感受到。译者愚拙浅陋，学识有限，对一些较为关键的段落虽然仔细比照了三个译本，仍不敢确信忠实地再现了作者的原意；有些难懂的地方一时找不到更好的译法，只好完全按照字面意思译出，所以还显得有些生硬、费解。我们真诚地希望读者与方家同人不吝批评指正。

本书的第一部分由刘训练翻译，第二部分由佟德志翻译，完成以后我们又相互校改了译文，最后由刘训练通读定稿。

在此，译者要对在本书翻译过程中给予帮助的天津师范大学政治文化研究中心的各位老师以及袁柏顺、辛海霞、牟硕、王光昭、庞金友等友人表示衷心的感谢。

刘训练

2002年10月初稿

2004年6月改定

图书在版编目（CIP）数据

大众的反叛／（西）奥尔特加·伊·加塞特著；刘训练，佟德志译. -- 太原：山西人民出版社，2020.5
ISBN 978-7-203-11324-9

Ⅰ.①大… Ⅱ.①奥… ②刘… ③佟… Ⅲ.①政治哲学—西方国家—现代 Ⅳ.① D095

中国版本图书馆 CIP 数据核字（2020）第 038642 号

大众的反叛

著　者：	（西）奥尔特加·伊·加塞特
译　者：	刘训练，佟德志
责任编辑：	王新斐
复　审：	贾　娟
终　审：	梁晋华
选题策划：	北京汉唐阳光
出 版 者：	山西出版传媒集团·山西人民出版社
地　址：	太原市建设南路 21 号
邮　编：	030012
发行营销：	010-62142290
	0351-4922220　4955996　4956039
	0351-4922127（传真）　4956038（邮购）
E-mail：	sxskcb@163.com（发行部）
	sxskcb@163.com（总编室）
网　址：	www.sxskcb.com
经 销 者：	山西出版传媒集团·山西新华书店集团有限公司
承 印 者：	环球东方（北京）印务有限公司
开　本：	889mm×1092mm　1/32
印　张：	10.5
字　数：	200 千字
版　次：	2020 年 5 月　第 1 版
印　次：	2020 年 6 月　第 2 次印刷
书　号：	ISBN 978-7-203-11324-9
定　价：	58.00 元

如有印装质量问题请与本社联系调换